W0285233

Arche-Editionen des Expressionismus
Herausgegeben von Paul Raabe

MYNONA
ROSA DIE SCHÖNE SCHUTZMANNSFRAU UND ANDERE GROTESKEN

Herausgegeben von Ellen Otten

ARCHE

Die vorliegende Neuausgabe mit Zeittafel, Drucknachweisen und aktualisierter Bibliographie, jedoch ohne den Text »Ich. Autobiographische Skizze (1871-1936)« erscheint als Reprint der 1965 unter gleichem Titel ebenfalls im Arche Verlag erschienenen Ausgabe.

© 1989 by Arche Verlag AG, Raabe + Vitali, Zürich
Umschlag: Max Bartholl, Frankfurt
Druck, Bindung: Wilhelm Röck, Weinsberg
Printed in Germany
ISBN 3-7160-2100-8

INHALT

Mynona. Porträtzeichnung von Max Oppenheimer

Es war einmal ein Riese, der war so zart, so zart! Und nun ging er durch die Menschen. Wie sanft nur setzte er seine Schritte, wie sanft. Und noch mit seinem allersanftesten zertrat er so viele nette freundliche Menschen: Frau Direktor Buller ganz platt, ganz platt; Herrn Geheimrat Wersch; Herrn Omnibuskutscher Koppke; so nette Menschen zertrat vorsichtig der zarte Riese. Da weinte er. Wie Wolkenbrüche, aber salzig, stürzten seine Tränen auf gute, liebe Menschennaturen. Die Kinderschule, ja die Kinderschule kam ins Schwimmen, brach ein, sank. Der Riese weinte, Mütter schrieen, Versicherungsgesellschaften starben. Der schmerzlich bewegte Riese warf sich zu Boden, aber die Erde bebte: London, Madrid, Zehlendorf und Nowawes fielen zusammen wie Kartenhäuschen. Gut, gut meine ich es, beteuerte der zarte, so zarte Riese, und seine reuige Stimme erzeugte einen solchen Luftdruck, daß achtzig junge und alte Kellner des Luna-Parkes weggeweht wurden wie Papierschnitzel. Der Riese stieß einen tiefen Seufzer aus seiner grameswunden Brust, es explodierte davon ein Krematorium nebst vier Friedhöfen, ein Hagel von Asche und Gebeinen wirbelte durch die Lebendigen. Und es graute dem Riesen vor sich selber, als er, von Witwen und Waisen umgraupelt, auf flachem Felde hingestreckt lag; unter ihm ein Gutshof mit einer Meierei, alles voll verröchelnder Tiere und Menschen. Tötet, o tötet ihr kleinen, feinen Leute mich, den sanften Mörder eures Glücks, bat der Riese. Da hatte er gut bitten, sein Wimmern zerpuffte ein Wöchnerinnenheim, eine Grenadierkaserne, die natürlich in der Nähe lag, einen regierenden Herrn, der mit herrlichem Auto daherbrauste, und ein paar alternde Mädchen, die zum Postamt eilten. Aber, lächelte der Riese, und überirdische Wehmut brach aus seinem Blick – aber kann ich Sanfter, der ich nur zu groß bin, viel zu groß bin um der guten, dieser lieben, so kleinen, so niedlichen, munteren Leute willen, mich nicht selber töten? Hallelujah, lallte er ganz leise aus Furcht, jemanden zu verletzen; Heureka, lächelte er bei sich, wohlan! Er nahm einen tollen Anlauf, sprang himmelhoch, vollführte in den Wolken einen Salto mortale und fuhr kopfüber so blitzlings mit dem Schädel auf die nächste Kirchturmspitze, daß seine Seele gar nicht ohne Salbung von hinnen ging. Der Turm schlug mit dem prachtvollen Gigantenleib zwei Stadtteile in Trümmer: der Dichter Promethke starb bei dieser Gelegenheit. Und nun begann – nasus teneatis! – das Zeitalter der Verwesung, das noch bis auf die heutige Nacht fortdauert. – So kann wahre Sanftmut wirken wie höllischste Teufelei – sollte sie von einem Riesen herrühren.

DIE BETRUNKENEN BLUMEN UND DER GEFLÜGELTE OTTOKAR

Ja, sagte Ottokar, der arme flügellahme Ottokar, das da sind meine verdorrenden Blumen; das da ist mein bezaubernder Schnaps: und hier – und hier – hier ist mein nahrhaftes Evolutionsgift. Wie sollte ich das Leben hassen, dessen Unmöglichkeiten so anspornend sind? Es ist Sommer! Es ist eine Nacht mit Sternenjubel, mein Herz strahlt von der Dunkelheit aller Wünsche, der Mond ist sonnig und hüllt die Erde in goldene Schleier; und Ottokar – Ottokar ist – ist chrysalidisch. Nein, nein, dieser Sommer ist der Winter viel hehrerer Jahreszeiten, dieses blühende Leben ist die Knospe herrlicherer Blüten, die Erde ist das Grab einer himmlischeren Auferstehung. Nehmt, sagte Ottokar, ihr, welke Blumen, Tropfen für euren Durst!

Die Platte des Tisches war aus rotem Glas. Dieses Glas aber wölbte sich ausgehöhlt, und in der Höhlung lagen wasserlos dürre Blumenleichen, kleine, große, weiße, bunte, zarte, tolle. Lernt fiebern! rief Ottokar und goß aus einer breiten, funkelnden Kanne den saftigen, honiggelben Schnapssaft auf die Blumen in der Höhlung. Er löschte die matte Lampe des offenen Gartenzimmers aus, der Mond glutete dämonisch, die Blumen zitterten und sangen. Sie singen, sagte Ottokar und blieb stehen, den rechten Zeigefinger unter das Kinn gebohrt; sie zittern; es wird. Es war, als ob das Mondlicht über der Blumenhöhlung brütete. Die Flüssigkeit geriet ins Wallen, die Blumen schwankten über ihre Fläche, ihr leises Singen wurde lauter, es waren Töne irrend wie von Äolsharfen. Ottokar goß die Kanne völlig über die Blumen aus – da, nach und nach erhoben sich diese über die Fläche, ihre leisen Stimmen klangen voller und harmonierten wie ein fernes Jauchzen. Jetzt stieg leuchtend auf langem Stiel aufgerichtet eine bunte Blume bis zur Zimmerdecke mit klarem Ton wie von anklingenden Weingläsern. Dieser Ton hallte von allen anderen Blumen höher und tiefer nach, sie erhoben sich, stiegen empor, vereinigten, verschlangen sich, schwebten, ein Chor, um Ottokar kreisend, der einen Antrieb zum Tanzen verspürte; die Flüssigkeit verhauchte einen betäubenden Duft, mit dem erwachenden Dufte der Blumen gemischt. Ottokar griff mit zärtlichen, verliebten Händen in die fliegenden Blumen, aber deren Gesang wurde ein hell und fein klirrendes Gelächter; etwa wie Schmetterlinge lachen würden, wenn sie könnten. Das Gelächter wurde ein Schrei, das Schweben ein fliegender Galopp, ein taumelndes Stürzen, Pendeln und Heben. Die Blumen alle waren total bezecht. Na also, konstatierte der arme Ottokar befriedigt, man kann Blumen schon in élan bringen, eure Natur wirkt auf mich so verschlafen, ich selber komme mir so flügellahm vor, – berauscht müßten wir alle werden, aber recht nachhaltig, ohne Katzenjammer. Rausch ist ein Motor, wenn man mit Flügeln ihm nachkann! Sonst natürlich bleibt man um so kriechender und lahmer hinter ihm zurück. Den Rausch vertragen, genügt nicht – man muß ihm kongenial sein. Offenbar haben diese Blumen es in sich: aber was – was? Und es antworteten die Blumen, indem sie zu phosphoreszieren begannen und sich zu leuchtenden, klingenden Zeichen mit einander verstrickten. Diese gaukelnden Hieroglyphen bildeten einen Sinn. Sie taten sich zu ihm zusammen, wirkten sich in einander, quollen in Gliederformen – wirklich, sie bildeten einen Leib, ersichtlich einen wunderschönen menschlichen Leib, das Lachen, Singen, Klingen verstummte: Vor Ottokar stand ein junges Mädchen: ich bin diese Blumen, sagte es schlicht, unornamentalisch.

Oo, so! erwiderte Ottokar, Sie sind – Sie sind diese Blumen! Er sah sie freundlich an und legte seine Rechte auf ihre linke Schulter: wie kommt das? fragte er ebenso schmucklos. Na, Theorie? lächelte sie. Liebster Ottokar, man hat Verstand oder man ist phlegmatisch. Ein Mädchen hat keinen Ursprung als – den Wunsch des Mannes. Wie wäre das doch naiv, wenn ein Mann viel danach fragte. Ein Mädchen ist immer schon eine Antwort. Und mein lieber Freund, wenn Sie in einer trunkenen Sommernacht Blumen berauschen, Welkheit zu Blut, zum Tanz und Gesang wecken – mein lieber Freund: man macht etwas sehr Liebliches niemals geweckt und trunken, ohne daß ein Mädchen daraus wird – hahaha, es gibt angenehme Tendenzen. Was schlummert nicht alles und wartet, bis man es weckt. Wie – wie – wie sehr, Ottokar, wartete ich auf dich – auf dich in diesen Blumen – ja Blumen! Ottokar nahm seine Hand von ihrer Schulter, trat zurück und fragte: wie nenne ich dich? – Nenne mich: Theo; lasse das -rie eben weg, mein Freund! Und wie, fragte Ottokar, und wie, Theo, verwandle ich dich in meine guten dürren Blumen zurück?

Theo schwieg 3 ½ Minuten. Dann sagte sie einfach: es ist nichts einfacher! Gieße den Schnaps aus der Tischhöhlung und lege mich hinein. Du mußt in mein Herz stechen, und wenn ich verblutet bin, ist alles getan. Ottokar führte dieses aus. Theos Blut brach wie eine leuchtende Schlange aus der Wunde, füllte purpurn das Becken, sprühte über den Rand und war auf einmal versiegt. Im Becken lagen, als wenn nichts gewesen wäre, vertrocknete Blumen.

So Mädchen sind riesig gefällig, dachte Ottokar. Die Sache ist aber die: mir ist es ja viel interessanter, zu erfahren, was in mir selber schläft, wartet, geweckt werden will. Ich bin selber eine Menge verdorrter Blumen, ein Herbarium von Erlebnissen. Was nutzen mir diese Theos, mögen sie meinethalben auf ihre Männchen warten; weiß Gott, ich bin kein Männchen. Eher selbst ein Weib, von Möglichkeiten schwanger, und doch – und doch so verzweifelt unfruchtbar? – Der Tod – halt, halt, halt! Im Tode liegt das ganze Geheimnis! Moriturus nisi mortem comederit non fit vivus. Den Tod essen, vertragen können. Das wär's! Blausäure? Oha! Tod ist nur ein etwas komplizierterer Rausch; betäubt. Aber könnte, wenn man's aushielte – training! – heben, elektrisieren, beflügeln, erzeugen, ganze

Geschlechtlichkeit und Generation ersetzen. Grader Weg! Dieser Männer-Weiber-Kinder-Zauber ist faul, ein Schleich- und Umweg.

Aber Training? Desgleichen eine kriechende Verlangsamung, man könnte springen. Leben ist nichts als gut verdauter Tod. Gift ist das idealste Nahrungsmittel, wenn man's vertragen kann. – Das Mondlicht stand mitten im Zimmer wie ein Gespenst, grau dorrten die Blumen im gläsernen Tische.

Die Temperatur fieberte; draußen im Garten verfehlte eine Fledermaus nicht zu schwirren. Wie stimmungsvoll! ironisierte sie Ottokar, er holte ein kleines Fläschchen aus seiner Westentasche und stieg die Altantreppe nach dem Garten hinunter. Bleiche Helle, der Mond hoch über ihm, der Sand fahl wie Gewitterwolken, eine gespannte Stille, die Gebüsche und Bäume starrten wie hypnotisiert; aber die Sterne blitzten, brannten verlangend.

Schmerz und Ohnmacht offenbar, sagte Ottokar, verhindern uns am Wollen. Bin ich ein Optimist, wenn ich Tod, Schmerz und Ohnmacht nur für Feuerproben des Willens und unsern Willen für gelähmt halte? Mir scheint, Optimisten sind genügsamer? Gleichviel. Mucius Scävola ließ nur seine Hand verbrennen. Halloh, ich denke, der Stoffwechsel hat sein ganzes Geheimnis noch nicht offenbart! Mir soll er's! Dieser mein Leib soll seinen Stoff recht gründlich wechseln, indessen ich meinem Willen seine Form untertan mache. Mit diesen Worten trank Ottokar das Fläschchen aus (ach du liebe Zeit)!

Eine Zeitlang widerstand der Leib, dann wurde er von einem so höllischen Schmerzensfeuer durchrast, daß er vorzog, zu weichen. Ottokars Geistesgegenwart, enorm angespannt und erhöht, wohnte nur sehr kurze Zeit dieser Art Leib inne, dann verließ sie mit unmerklicher Plötzlichkeit ihren Körper, sah ihn, während ein neuer sie sacht umgab, außen vor sich liegen und fühlte sich eigen in diesem neuen; der alte lag wie eine abgeworfene Schlangenhaut auf dem gelben Gartensandweg im Mondlicht. Und Ottokar fühlte Flügelarme und -beine an seinem neuen Leib. Er erinnerte sich seines früheren Selbstes wie eines anderen. So hatte ich recht, argumentierte Ottokar, als ich den Menschen für ein gelähmtes Flügelwesen hielt. Es hat wehgetan, und eigentlich bin ich gestorben, da liegt mein Kadaver und meine erstarrte Patsche hält noch das Giftfläschchen. Das ist mir einmal ein amüsanter Selbstmord! «Stirb und werde!» pflegte Goethe zu sagen. Übrigens haben nicht bloß die Schmerzen des Sterbens etwas Betäubendes, zum Vergessen Verführendes – sondern, vor allem hat das unsagbar süße Einströmen des neuen Leibes etwas so unerhört Entzückendes, daß nur eine rasende Selbstsucht den Zusammenhang des Gedächtnisses wollen, erzwingen wird – sonst wird man vorziehen, «einen neuen Adam anziehend», den alten abrupt abzutun. Ja, ja, ja, die Selbstvergessenheit ist der wahre Tod! Und wie sagt immer wieder Goethe: «Die höchste Rettung – Gegenwart des Geists.»

Der Mond hatte sich gesenkt, die ersten schwachen Sonnenstrahlen brachten ihn zum Verblassen. Am Himmel haben wir die Allegorien, deutete Ottokar mit erhobenen Flügeln hinauf. Jenseits des Gartens erhob sich Geräusch, der Tag brach an, man hörte Wagengerassel, vereinzelte Schritte und Menschenstimmen. Im Hause wurde es lebendig. Es soll mich gelüsten, dachte Ottokar, jetzt meinen Triumph über Menschen auszukosten – hah!

Stimmengewirr, Schreckensrufe, von einigen Fenstern aus hatte man die Leiche bemerkt; man stürzte herbei: Polizei erschien: – Ottokar trat flügelbrausend dazwischen – aber man achtete garnicht auf ihn.

Da habe ich doch wohl vergessen, ärgerte sich Ottokar, daß diese Leute – Teufel auch! – mit ihrem lahmen Sinnesapparat mich garnicht wahrnehmen können – und Gedanken machen die sich keine! Wartet, meine Braven, ihr sollt einmal doch welche kriegen! Er schwebte mitten durch das ordinäre rohe Mitleidspack auf seine Leiche zu und richtete sie auf – seltsamerweise fiel es ihm sehr schwer, seine Leibesorgane hatten ein zu zartes Verhältnis zu den vorigen Zuständen. Aber die Leute schrien: er zappelt ja noch! Und ein Arzt, namens Mathesius Maier, den er gut kannte, flößte der Leiche etwas zwischen die Zähne. Im selben Augenblick fühlte der geflügelte Ottokar Todesangst und Schmerzen in seinem neuen Leibe, Bewußtlosigkeit wandelte ihn an, er sank neben seiner Leiche nieder; und ehe er sich's recht versah, empfand er sich wieder in seiner alten Haut. Bravo, rief Mathesius. Verdammter Hund, ächzte Ottokar, griff in seine Hosentasche, holte den Revolver hervor – und ehe jemand ihn hindern konnte, hatte er sich durchschossen.

Aber dieses Mal durch das gänzliche Fehlen der experimentellen Bedachtsamkeit büßte er mit dem alten Leib auch seinen geistigen Zusammenhang ein; und er weiß nicht mehr, was aus ihm geworden ist.

«'s ist Etwas faul...» (Hamlet)

Also Herr Doktor van der Krendelen, ein Mann von hoher Statur, mit mächtigen Augen von sanfter Schärfe, und einem hellblonden exakten Spitzbart – hatte das Mittel gefunden: Luft, Luft.

Ja es handelte sich um die Möglichkeit einer chemischen Reinigung der gesamten planetarischen Atmosphäre; und dadurch der Lungen; und dadurch des Blutes; und dadurch des Lebens.

Van der Krendelen ging mit federnden Schritten in sein Versuchslaboratorium, einen haushohen Saal aus nietenlosem Metall, der luftleer gepumpt werden konnte und Oberlicht hatte. Das Versuchstier war der Doktor in eigener Person. Diesen Saal hatte v. d. K. vom Erdklima sorgsamst isoliert; er konnte ihm von sich aus jedes beliebige verleihen, die Luft im Saal war geographisch regulierbar geworden. Herr van der Krendelen nahm die heutige Wetterkarte zur Hand, studierte sie mit träumerischer Konzentration und entschied sich für Nizza; d. h. er stellte künstlich in seinem Saale das Klima von Nizza her (durch ein paar äußerst einfache Manipulationen). Und sodann seufzte er in dieser wonnigen Witterung sehr tief auf. Denn er grämte sich über diese Künstlichkeit seiner Versuche. Und doch! Und doch!

Van der Krendelen konnte nicht anders. Wehe dem, dessen Gewissenhaftigkeit älter ist als sein Wissen! Hat nicht auch Darwin ... aber lassen wir den Darwin. Das Bessere ist der Feind des Guten. Wenn Herr Dr. v. d. K. die Erde klimatisch revolutionierte – und wahrlich, das tat ihr not! –, so mußte er den bestehenden Zustand und mit ihm alle diesem angepaßten Lebewesen abschaffen: und das brachte er nicht über sein altmodisches Herz! Schon seine engere Familie, sein Papa, seine Mama, seine Amme Klelia, seine Schwester Margrith brauchten geradezu die schlechte und rechte Gesundheit; eine bessere würde Gift für sie werden. Daß nun so viele Leute – von anderen Organismen zu schweigen – auch nach oben, nach günstigeren Bedingungen hin so sehr begrenzt waren, das deprimierte Herrn v. d. K.s Gewissen derartig, daß er schon manchmal daran gedacht hatte, das Laboratorium luftleer zu machen, um sich der Mühe des Weiteratmens zu überheben. Du mein! wie wunderlich sind doch die Hemmungen gerade der erstaunlichsten Förderer des Menschengeschlechts! Und wie mancher Pythagoras ist vor seiner Wahrheit desertiert, bloß weil er zu viel Mitleid mit der Hekatombe Ochsen hatte, die dafür geopfert werden mußte...

Krendelen ging in seiner Laboratoriumsluft von Nizza, die linke Hand auf dem Rücken, die rechte um den Spitzbart gekrallt, auf und ab, auf und ab, und alles zitterte mit metallischem Klingen. Der Abend dämmerte herein. Und als es ganz dunkel geworden war, stand Krendelen still und hob den Kopf. Er hatte einen Entschluß gefaßt: und zwar G. m. b. H.

Jawohl, dies war der Ausweg. An sein Laboratorium als Zentrale sollten sich Freiwillige mit ihren Privatwohnungen oder Kasernen oder Fabrikräumen oder Ställen usw. usw. anschließen. Und so ließ er sich denn das Patent sichern und verkaufte es einer Gesellschaft Aktionäre, die ihn als wissenschaftlichen Leiter des Unternehmens anstellten und besoldeten. Je nun, mindestens waren seine Skrupel jetzt schwächer geworden; besonders zumal durch die Zuversicht, wie sehr bald die Menschheit mit ihrem robusteren Gewissen rücksichtslos von selber die Folgerungen von der Künstlichkeit auf die Natur ziehen würde! Gewiß, eine solche Verantwortung lastet zu schwer auf der einzelnen Person – hinaus, hinaus damit in alle, alle Menschenseelen!

So wurde es nun ruchbar, daß man, wenn man nur wollte, das Paradies der Lungen etablieren konnte – und Monarchen, Bankiers, Poeten und viele andere Existenzen suchten vorsichtig, indem sie die Ärzte zu Rate zogen, um Anschluß an die Kr.'sche Zentrale nach.

Die Wirkung dieser Hygiene läßt sich gar nicht beschreiben. Tatsächlich sind wir ja «ein Spiel von jedem Druck der Luft». Wer daher die Luft wenigstens ihrer Reinheit nach in willkürliche Gewalt bekam wie v. d. K., der konnte schließlich den Menschen zu einem Freudensprung der Natur machen. Schlechte Luft ist nämlich das ganze Unglück der Menschen; ja es ist am Ende der Mensch selber. Luftverbesserung bedeutet die gewisseste Menschenveredelung, mehr als alle philosophische Moralisterei!

Nun muß man sich aber diese Luftreinigung recht radikal vorstellen! Und hierin lag eben die ganze Gefahr: wer etwas auf dieser kranken Erde ganz und gar gesund macht, der steckt von diesem Punkte aus alles und jedes mit solcher Gesundheit an. Zuletzt konnte sich keiner der künstlich Gesundeten mehr nach außen begeben, ohne tot umzufallen. Es war eine zu tiefe Kluft zwischen der gewohnten und der ungewöhnlichen Gesundheit von der Zentrale aus aufgerissen worden. Selbst Krendelen, der noch das beste Amphibium beider Gesundheiten zu sein schien, drohte zu versagen. Und die obenerwähnten Herrschaften begannen sich durch ein langsames Training auf die alte Gesundheit zurückzuschrauben. Ein paar kränkelnde Monarchen hetzten ihre Polizei auf die G. m. b. H... Kurzum, Krendelen sah den Zeitpunkt heranrücken, an dem seine große Tat wirkungslos zunichte werden sollte. Nochmals hielt er in seinem Laboratorium eine Stunde der tiefsten Einkehr und Versenkung in sich selber. Dann hieb er sich mit der Faust auf den Schädel, daß er ihm dröhnte.

Sogleich ging er an die Arbeit. Er präparierte eine große Menge des von ihm erfundenen luftreinigenden Stoffes Atoxomyolyomulpollambixohoptotachylamolinovolmanombosusilotanbolinoxylpyramidolinoferosambulonolasinolins.

Den brauchte er jetzt nur durch ein elektrisches Verfahren zur Verdampfung zu bringen – und die Erdatmosphäre war nur noch für Kerngesunde atembar geworden. So machte er denn sein Herz stählern gegen alle auflösende Weichmut, und am Donnerstag vollzog er das Schicksal, zu dem er nun einmal ausersehen war – als der große Vakuumreiniger der Lebendigen.

Bereits Freitag Nacht wüteten Seuchen schrecklich dezimierend auf der gesamten Erdoberfläche. Herr v. d. K. hielt sich nur durch die Macht seines Gedankens aufrecht und mußte trotz allem über das große Sterben lächeln. Er wußte, was niemand wußte: daß die Seuche das anzeigende Symptom ihres noch latenten Gegenteils war; und daß dieses jetzt, von ihm heraufbeschworen, sich endlich leuchtend genug offenbaren werde. Außerdem verbrannten die Leichen in der prächtigen Luft – es war Vorfrühling – ohne allen Verwesungsgestank.

Oho! Nichts mehr von etwelchem faulen Rest. Sondern sieghaft wurde alles bald vertrieben und überduftet von der jungen Reinheit, welche jetzt förmlich eklatierte! Und merkwürdig, während die sog. Normalen, der «gesunde Durchschnitt» aller Orten rasch krepierte, korrigierten sich die Extreme, die Überstumpfen, die Überzarten, die Blöden und die Hypersensiblen zu einem ganz anderen Durchschnitt von ungemeiner Strenge und Präzision, wie wenn in ihre Leiber Mathematik und Musik gefahren wäre: sie paßten und stimmten plötzlich zur Natur; wogegen die Früheren sich wie zufällig in ihr ausgenommen hatten. Die allerersten, die buchstäblich aufatmeten, waren Frauen und Kinder, die Jugend überhaupt. Ferner trat bereits am Sonnabend eine sichtliche Verjüngung aller Greise ein. Was in der Vollkraft der mittleren Jahre gewesen war, ging aber dahin. Und es formte sich aus Kindheit und Greisentum eine ganz neue wie überirdische Jugend. Von Krendelens Familie florierte nur noch seine Schwester Margrith; Eltern und Amme waren unter den ersten Toten – juhu! Beim besten Willen, die Toten zu beklagen, mußte man doch lachen und frohlocken, weil die ganze Natur ein Feiergewand anzuziehen begonnen hatte; und weil die Menschen das feierlichste und festlichste geworden waren: weil sie viel festlicher und lieblicher wirkten als früher die Blüten. Und sonderbar, durch die strahlende Reinheit der Luft sah auch alles ätherischer aus: irdischer! Das Licht schien lichter. Man sah wohl, wie sehr die Erde an ihrer schlechten Luft gelitten hatte. Alles tat seine tieferen Atemzüge, und das Antlitz der Natur geriet in ein immer innigeres Lächeln – bis daß es am 27. März 1932 lachte: da nämlich tat die Natur ihren Freudensprung! Und Krendelens Operation war gelungen. Als das letzte peinliche Erdenrestchen aus der Atmosphäre getilgt war – dank Krendelens Kathartikon –, geschah es, daß die ganze Erde einen goldenen Klang tat wie ein gedrückter Ball, der sich, frei gegeben, rundet: jetzt erst schien alles zu stehen und zu dauern. Krendelen wußte in diesem Augenblick, der auch sein eigenes Herz richtig einstellte, daß das ganze vormalige Erdbebengeknurr und -gebrumm nur den schwer ächzenden Willen ausgedrückt hatte, richtig zu werden.

Am 28. cr. blieb die Sonne stehen – und alle Leute spürten das Erdgewicht als etwas frei Beherrschbares in den eigenen Gliedern, so daß sie mit der Erde um die Sonne spielten wie sie wollten; und in ihrem Willen war von selbst ein Unisono. So setzten sich, als der Frühling sich vom Winter getrennt hatte, und die Jahreszeit ebenfalls selbständig geworden war, auch Sterben und Werden wie Schlafen und Wachen sauber auseinander und verunreinigten nicht mehr ihren Mittelstand, so daß in jeder Beziehung das Aus und Ein exakt funktionierte, und alles und alle jetzt wußten, wo aus und wo ein.

Aber das allerbeste: an Stelle des Todes war das aus- und einatmende, zusammenhängende, nicht mehr unterbrochene Leben getreten; das Sterben hatte sich mit dem Werden jetzt lebendig und leibhaftig verständigt. Und nun vergaß alle Welt das vorige – und Krendelen vergaß es auch, so daß er nicht einmal berühmt wurde! In dieser einen Hinsicht war es vormals herrlicher.

VON DER WOLKE, WELCHE SO GERN GEREGNET HÄTTE

Ach! Wie zufrieden war die Welt. Gelber Sonnenschein lag wie Eiersauce überall ausgegossen. Die Kühe grasten, der Himmel war ein einziges breites Lachen. Eine Menge Rosenlauben plauderten mit der leichten Luft ins Gelage hinein. Greise wandelten mit sanften grauen Köpfen. Alte Frauen falteten die Hände überm Schoß und saßen da, wie aus Lebkuchenteig gebacken. Und ein ganz kleines, unschuldiges Kind nieste in einer so allerliebsten Weise, daß ein Huhn in die Höhe flog und nervös zu gackern begann, alles war im Einklang, selbst ein Trunkener, der hin und her torkelte, wirkte so verzeihlich, so glücklich, so idyllisch, daß ohne ihn an allem noch das Beste gefehlt hätte.

Da zog hinterm Berge leise und langsam, wie sich selber besinnend und halb zögernd, von einem zahmen Winde getrieben, eine lose hellgraue Wolke auf. Sie warf ihren matten Schatten über alle die fröhlichen Dinge unmerklich mißmutig hin, und mit diesem Schatten dachte sie selbst über das ganze Glück dieser schönen Gegend nach. Ihre Gedanken liefen aber alle darauf hinaus: Wo könnte ich am passendsten niedergehen? Mit gleichgültiger Trauer in ihrem suchenden Blick streifte sie über alles weg; der Wind stieß sie aufreizend an und blies in ihre hohlen Ohren: hier, hier, hier! Aber sie ließ sich nicht beirren, sondern suchte, suchte. Selten gab es eine so zweifelnde, so überaus gewissenhaft abwägende Wolke. Soll ich oder soll ich nicht, schwankte sie fortwährend und wurde bald dünner, bald dichter. Unten streckte Rentner Lebehoch seine kluge Hand aus und rief dem Bäcker Dudelsack mit wohlsituierter Stimme zu: Herr Nachbar, das gibt keinen Zuckerguß. Die Wolke versuchte, wie man an ihrem Schatten merkte, flüchtig zu lächeln; sie putzte gerade der Sonne die herrliche Nase; wobei die Sonne mit den Augen blinzte, so daß die ganze Gegend mit einem Male aussah, wie wenn sie einen geistreichen Einfall hätte; bald darauf war sie wieder glücklich wie das Schlaraffenland. Nur unglücklich fühlte sich die Wolke mit ihrem zaudernden Willen, niederzuregnen. Eine nachdenkliche Wolke ist sehr selten. Das ganze Geheimnis, zu regnen, besteht ja eben bloß darin, daß man resolut, so stark man gerade kann, niederregnet, ohne sich – das ist die Hauptsache! – aus der Wirkung auf das zu Beregnende etwas anderes zu machen als eine lustige Kurzweil oder einen lustigen Zorn. Gekitzelt wurde wohl die Wolke zu jenem, gestachelt zu diesem; aber mit ihrem Schatten alles Untere zart berührend und prüfend, erhielt sie sich in ihrem grämlichen Gleichgewicht. Weder die glatten, schimmernden Rücken der Kühe, die sie sanft mit ihrem Dämmer streichelte, noch das kleine Kindchen im Wagen, dem sie die helle Stirn ein wenig trübte, noch Pastor Blotegel, der stets ein wahrer Festschmaus für hungrige Wolken war, lockten sie zur Auflösung. Sondern, angesteckt vom allgemeinen Frieden, begann die Wolke sentimental zu werden: sie genoß und sog in sich ein dieses ganze Idyllische allenthalben und empfand als den einzigen Störenfried allein nur sich. Sie sah die Kuh Klaudine und erschrak bei dem bloßen Gedanken, diesem ehrwürdigen Tier die Douche geben zu sollen. Der Wind, der Mephistopheles der Wolken, war außer sich: Gemüt bei einer Wolke, zischelte er, ist wie Käse in Form eines Maiglöckchens. Die arme Wolke wurde düster und ließ aus Zerstreutheit dem Blotegel einen Tropfen auf die Nase fallen, so daß dieser aufsah und salbungsvoll sprach:

«Oh himmlisches Naß, verschone noch deinen Diener, bis daß er den Fußsteig über den Bach zu seinem Hause zurückgelegt!»

Sie ließ ihn hinübergehen und stand eine Weile still, ein kleiner Blitz fuhr in ihr Auge und verschwand, sanftmütig setzte sie ihren trostlosen Weg fort. Man glaubt ja immer, die Sonne kümmere sich um nichts und lasse ihr Licht leuchten, ohne sich viel Gedanken darüber zu machen, wohin es falle. Das ist Aberglaube. Zum Beispiel die Wolken kennt die Sonne alle beim Namen. Wie oft macht sie sich ein Vergnügen daraus, sie an den Haaren zu sich emporzuheben, sie zu küssen, um sich an ihrem Naß den Durst zu löschen und sie dann wieder loszulassen. Die Sonne, die sich heute besonders wohl fühlte, faßte die Wolke zart an, aber durch diese ging ein Schauern, sie schmiegte sich dicht an sie an und bat: liebste Tante, du bist vielleicht mit daran interessiert, daß ich diese glückliche Gegend unten nicht einmansche. Bitte, darf ich ausnahmsweise einmal nach oben regnen?

Da lächelte die Sonne so sehr, daß der Wind seine Flügel faltete und still wie eine Eule am Tage dasaß. Und holte aus ihrer Tasche einen strahlenden Kamm: Frisiert mußt du werden, mein Töchterchen, ehe du in den Himmel hinaufgehst. Und sie kräuselte ihr das feuchte Haar in zierlich rieselnde Wellen, streute auch das feinste Flimmern darauf aus, von unten war es so schön anzusehen, daß alle Schulkinder die Nasen sehr hoch hoben: dies war der letzte Anblick, den die Wolke hatte, der sie auch zu Tränen rührte: so geriet sie denn in immer tieferes Weinen, löste sich ganz darin auf, tat noch einen himmlischen Atemzug und floß in diesem durch das Sonnenlicht ganz verklärt in den blauesten Himmel hinauf. – Wolken sind sehr selten so gefühlvoll.

Mein Sohn, ein gewisser Herr Lehmann, dem ich vom Tage seiner Geburt an ein mir verwunderliches Interesse gewidmet hatte, ist heute ein dicker, melancholischer Mann von rund dreißig Jahren, der mir unsympathisch ist, weil er ungesetzlich verfährt. Er rechtfertigte sich mir gegenüber mit der Einwendung, man müsse sich beweisen, daß man nicht bloß aus Gutmütigkeit bei der Stange bleibe. «Du sollst nicht töten», sprach ich zu ihm mit väterlicher Stimme. Siehe da! Er fiel mir zu Füßen, zog aus seiner inneren Rocktasche ein braunes seidenes Tuch, darin lagen wohl eingewickelt mehrere Revolver, ein Fläschchen Gift, ein Strick, ein Döschen Pfeffer, kurz lauter Sachen, die Argwohn erregten. «Ich soll nicht», schluchzte mein Sohn, «allein ich muß es erst können.» Er tat die Sachen wieder in seinen Rock und vollführte einen Freudensprung. Bald darauf ermordete er meine Frau, eine schöne Matrone, die ihn mir geboren hatte. Ich hielt es ihm ernstlich vor. Aber mein Sohn, bei aller Zartheit ein harter Charakter, mißhandelte mich auf das roheste, so daß ich zum bösen Spiel gute Miene machte. Versteht sich, daß mein Sohn dem Gericht jedesmal ein Schnippchen schlägt. Bloß mir hat er es angeboten, daß ich der Mitwisser seiner Schändlichkeiten sei; und schließlich muß ein rechter Vater seinem Kinde auch ein paar mal durch die Finger sehen können. Ich billigte seine eigentümliche Methode, sich zu einem gesitteten Menschen zu erziehen, keineswegs: aber sie imponierte mir. Es genügte, daß er jemanden liebte, alsbald sann er auf die grausamsten Mittel, Partei gegen sich zu nehmen: er zwang sich zur Ermordung aller Triebe und Gegenstände seines Herzens. «Nur so», argumentierte er, «bekommt man sich in eigene Gewalt.» Bei diesen Worten weinte ich laut auf: «Du liebst mich nicht, mein Sohn», stöhnte ich, «denn ich lebe noch.» «Hoho!» lachte er: «ich bedarf eines Mitwissenden, es ist eine Schwäche – wer weiß, du hast etwa Hoffnung.» Am vorigen Mittwoch ertränkte mein Sohn seine Braut, er teilte mir es brühwarm mit: «Ich kann darüber weinen oder lachen – wie ich eben will», frohlockte er, «ich habe eine vollkommene Freiheit über alle Bewegungen meines Gemütes erlangt.» «Dann laß es doch endlich!» raunte ich ungeduldig. «Jetzt», sagte er, «wo es mir Spiel geworden ist, ein liebliches Spiel der Selbstfolterung, nicht zu vergessen, wie es dich quält, Papa? – Geduld, alter Herr! Du bist noch nicht an der Reihe.» –

Hierauf schoß er mir unversehens mit dem Revolver meinen Nasenknorpel weg und schickte unsere Dienstmagd zum Arzt. Ich tröstete mich mit einem Rückschluß auf die Stärke seiner Sohnesliebe. In der folgenden Nacht erdrosselte er meine Lieblingstochter Angelika. «Das räche der Himmel!» rief ich aus, ich verlor alle Selbstbeherrschung, mir graute. Lehmann wurde mir vollkommen unheimlich. War dieses Ungeheuer wirklich mein Sohn? «Alterchen, du bist ein drolliger Kerl», amüsierte er sich. «Ich gebe übrigens zu, daß die Möglichkeit des Todes schrecklich ist: aber wie, wann, wo wir sterben, ist recht sehr – Nebensache und sollte niemanden ernstlich aufregen.» «Du bist irrsinnig», schrie ich ihn an. «Deine Vernunft ist beim Teufel; wenn du jetzt kein Ende mit deinen Mordübungen machst, geh ich zum Gericht, ich hätte es schon beim Tode deiner Mama tun sollen.» – «Vater», sagte mein Sohn und sah mich auf eine unbeschreibliche Weise an, «Sie werden sofort Gift kriegen. Zuvor jedoch töte ich Ihre alberne Logik, welche die unendliche Vernünftigkeit des Wahnsinns lästert.» Er gab mir, so viel ich weiß, einen furchtbaren Klaps auf die Schädelkapsel. «Jetzt schweige, Idiot, der du nun bist», brüllte er, rauchte, in meiner Stube hin und her gehend, eine Zigarre, und entfernte sich verdrossen. Inzwischen kam ich wieder zur Besinnung, in meinem Speisezimmer fand ich die Dienstmagd in Gestalt einer Leiche, ein Anblick, der, trotzdem ich durch meinen Sohn abgehärtet dagegen war, mir doch dermaßen zusetzte, daß ich zu pfeifen aufhörte, ich hatte gerade eine Verdische Arie zwischen den Lippen gehabt. Ich kam mehr und mehr in eine wehmütige Stimmung. Plötzlich geriet mein Herzschlag in immer rasenderen Galopp, zugleich machte mir das Atmen Schwierigkeiten, und glühende Nadelspitzen stachen in meinen ganzen Körper. Kein Zweifel! Ich war während meiner Geistesabwesenheit vergiftet worden. Mit dem letzten Aufgebot meiner Kraft nahm ich ein Brechmittel, es wirkte, und ich begann, mich zu erholen. Da kehrte mein Sohn zurück. «Du lebst?» fragte er ungläubig lächelnd. «Ich lebe», antwortete ich fest und würdig. Das schien ihn nicht einzuschüchtern. Er zog ein Blatt aus der Tasche und rechnete einige Minuten. «Vater», verkündete er mir sein Resultat, «du hast die Lebenskraft von vier Rossen. Theoretisch bist du tot, und moralisch bist du es für mich längst. Hierauf schickte er zum Arzt. «Herr Doktor», erklärte er diesem, «mein Papa, der alte Herr, den Sie dort pfeifen hören, ist vor etwa einer halben Stunde gestorben; bitte konstatieren Sie das und fertigen Sie einen Schein aus.»

Von Terr, ein Mensch, der sich, er wußte selbst nicht, wie lange, seines Todes erfreute, hatte das gespenstische Spuken, das bekanntlich Gestorbenen selten erspart zu werden pflegt, redlich satt. Über das Wiedergeborenwerden dachte er viel zu skeptisch, als daß er Anstalten dazu getroffen hätte. Auch war es, selbst wenn es glückte, mit viel zu vielen Beschwerden für Mutter und Kind verbunden. Von Terr zog es vor, sich so kräftig wie möglich zu verstellen und sich durchaus den Anschein des blühendsten Jünglings zu geben. «Da das Menschenleben» meinte er ziemlich griesgrämig, «so wie so eine Tartüfferie zu sein scheint – warum sollte ein toter Herr nicht den echtesten Tartüff des Lebens vorstellen können?»

Von Terr ging die lange Allee hinaus, die nach der Stadt führte. Das hagere, unfrohe Skelett, das er war, bewegte sich knöchern und blechern über die Erde, und die Morgensonne skizzierte die spinnenartige Arabeske seines Schattens auf die von Pferdespuren verunglimpfte Chaussee. Gar mancher Bauer sah ihm verwundert nach, auch verfehlte kein Tier, seine Haare ziemlich zu sträuben. Aber die energische Selbstverständlichkeit, mit der hier eine tote Paradoxie wie eine lebendige Trivialität daher schritt, hypnotisierte Bauern und Tiere dermaßen, daß Terr sich der Unauffälligkeit seiner Erscheinung gemächlich erfreute. «Der Tod», schnatterte er gräßlich laut mit seinen Schädelkiefern, «bedarf gar keines besonderen Übermaßes von Verstellung, um im Leben als Leben zu erscheinen. Fast fragt er sich: bin ich wirklich tot?» Erst zwei weibliche Wesen, offenbar Mutter und Kind, blieben, als sie seiner ansichtig wurden, wie vom Donner gerührt stehen. Das Weib jedes Jahrgangs hat kolossale Instinkte, Leben von Tod zu unterscheiden – und hier witterte es, trotz der rasselndsten Lebendigkeit, den Tod. Von Terr sah nicht so bald sein Inkognito gelüftet, als er die Notwendigkeit fühlte, sich besser zu verstellen. Anstatt eines Skelettes stand also jetzt ein charmanter Stadtherr vor den Erschrockenen, ordentlich zivil gekleidet, faßte an die Hutkrempe und fragte höflich, wie weit es noch nach der Stadt wäre. Das kleine Mädchen schlug, während die Mutter verdutzt dastand, heftig nach der fein behandschuhten Totenhand und schrie: «Mutter, komm weiter, der tut nur so, das ist ein Schelm, der ist gar nicht richtig.» Die Mutter, ein dralles hübsches Landweib, verwies das dem Kinde, gab dem Fremden mit ängstlicher Stimme Auskunft und nahm dankend die kleine Münze in Empfang, die von Terr ihr bot. «Es ist unglaublich», sagte Terr weiterpromenierend, «wie Kinder jede Verstellung zu durchschauen wissen; glücklicherweise gibt es keine reinen Kinder; sonst könnte ich nur grade wieder weiterverwesen – und was man auch sagen möge: totsein langweilt!» Bekanntlich braucht ein Toter, der sich verstellen will, vermöge der intensiven suggestiven Illusionskraft, die er ausübt, keinerlei äußeren Behelf; sondern eben bloß die allerdings recht anstrengende und erschöpfende Fähigkeit der Verstellung. Der Tote zum Beispiel kann dir, wenn du Kellner bist, sein Trinkgeld von 0,0 so treuherzig massiv in die Hand drücken, daß du schwörst, es seien allermindestens fünfzig Pfennig. Das bleibt natürlich individuell: der tote Goethe täuscht stichhaltiger als der tote Kulike. Von Terr mietete sich in der Residenz eine elegant möblierte Etage und ging auf Abenteuer aus, die alle durch seine Unbesonnenheit und Zerstreutheit geschmacklos endeten. In dem Bestreben, seinen Tod zu vergessen, tat er oft des Guten zu viel, bis er zur Unzeit und zum nicht geringen Befremden der Lebendigen skelettartige Intermezzi spielte. Zu spuken, zu gespenstern ist für Tote freilich Kinderspiel, fällt aber auch so schwach aus, daß fast kein Lebender was davon merkt; und merkt einer was, zum Beispiel die Amme Lehmann oder das Pferd Sirius, so glauben es ihm wieder bloß Ammen und Pferde. Das ist ja die Tragödie des Wunderbaren, daß es vom Gewöhnlichen ersehnt, aber nie erlebt werden kann! Um von ihm erlebt zu werden, muß es ihm gleichen, aber dadurch wird es unauffällig.

Das bißchen Stutzen der Ammen und Pferde kann Gespenster nicht über den Stumpfsinn der allermeisten trösten. Daher eben strengen moderne Gespenster sich viel mehr an – bis zur völligen Mimicry und Ununterscheidbarkeit vom Leben. Ja, es gibt einen äußerst merkwürdigen Ausspruch eines Gespenstes, das wegen dieser Indiskretion seine ganze Beliebtheit bei den Kommilitonen eingebüßt hat. Es ließ nämlich durchblicken, daß man unfreiwillig bis zur greifbaren Illusion spuken könne; und daß vielleicht – (man lächle ob dieses diplomatischen Vielleichts!) – also daß vielleicht alle tot wären, weil sie es würden!! Es ist nichts peinlicher, als wenn Tote aus der Schule plaudern. – Der allerböseste Streich von Terrs war, daß er ein argloses Mädchen in sich verliebt zu machen verstand, bis es ihm blindlings in seine bel étage folgte. Liebe ist bekanntlich für tote Leute der feinste Leckerbissen. Sie haben Kreuze gern, Kränze gern, Gebetlein gern; überhaupt alle Gräber-Annehmlichkeiten, welche die Lebendigen ihnen gönnen – aber von Terr gehörte zu den anspruchsvollen Toten, die ein echtes Furioso der Liebe verlangen, und so freute er sich, daß Fräulein Pietsch ihm bevorstand. Er nahm sie also mit sich, und wie verstellte Kadaver nun mal sind, überbot er sich dermaßen in Galanterien, daß er sich im Vorsaal bereits wieder Skelett werden fühlte: gibt es zur Liebe etwas Ungeeigneteres als ein Knochengerüst? Aber die Liebe tut ja Wunder, bis in das Rückgrat hinein – wie hätte sie nicht hier, wo sie es so leicht hatte, eins zeitigen sollen! Die Pietsch rühmte Herrn von Terrs feste Gebeine, ihr war aber nicht allzu wohl dabei. Endlich riet sie ihm, sich besser zu pflegen, sie empfahl ihm eine Mastkur; sie war der ahnungsloseste Engel, in Armen ruhend, die sich merklich verknöcherten. Da seufzte von Terr auf und lispelte ihr ins Ohr:

«Ist nicht ein Skelett das wahre Filigran der Zärtlichkeit? Ist nicht die Plastik das hemmendste Hindernis der Vereinigung? Entzückend ist der Kuß zweier Schädel ohne diese garstige Einschaltung der widerlich fleischernen Lippen. Ach mein Kind, diese Maske aus rinnendem und geronnenem Blut von den Knochen werfen zu können – ist das nicht der Triumph der Liebe? Tod ist nackte Wollust!» Während er so dozierte, wo er entschieden der Pietsch anders hätte dienen sollen, tat er mehr und mehr, was er sagte: man stelle sich gefälligst die Gefühle der Pietsch vor, als sie sich die Braut eines Gerippes erkennen mußte –! Sie stieß... das heißt sie wollte einen jener entsetzlichen Schreie ausstoßen, wie er kunstgerecht von enttäuschten Jungfrauen fabriziert zu werden pflegt; aber erstlich erstickte ihr die Stimme in der Kehle, sodann gab ihr Entsetzen dem Heuchler neue Verstellungskräfte, und ihr ganz passabler schlanker Kavalier von vorhin fragte, was ihr sei, und verbat sich energisch alle Hysterie. Die Pietsch erholte sich mühsam, sie stöhnte und sprach etwas von Alpdruck und dergleichen. «Was reden Sie auch für törichtes Zeug», schalt sie mit schüchterner Schelmerei, «ich bin so wahnsinnig suggestibel, ich sah Sie wahrhaftig einen Augenblick lang als Schädel – puhhh!»

«Na? Und das hätte Sie wohl gestört? Wie?» erkundigte sich von Terr malitiös genug, und mit dem Mut zur furchtbarsten Deutlichkeit vollzog er blitzschnell die praktische Osteologie, um sofort wieder der hagere Amoroso zu sein. Jetzt hatte die Pietsch gar keine Zeit gehabt, sich sonderlich zu entsetzen, sie war dermaßen – wie sagt man? – paff, daß sie regungslos erstarrte, und zwar in der komischsten Pose von der Welt, mit zum Kuß gespitzten Lippen, dabei lauter Grausen in den Mienen. Von Terr gab sich weiter keine Mühe mit ihr und sich, er lüftete permanent sein beinernes Inkognito, erfaßte ihre Hand und röchelte klappernd:

«Schau ich nicht Aug in Auge dir?

«Und drängt nicht alles nach Herz und Busen dir?

«Und webt, in ewigem Geheimnis, unsichtbar, sichtbar neben dir?»

Da gab das Herz der Pietsch die zurückgetretenen Blutwellen langsam zurück, das brennende Rot weiblicher Empörung drang in ihre Kreidewangen:

«Ich bin das Opfer eines Elenden geworden», zeterte sie halbohnmächtig. In leichtestem Kostüm begab sie sich zu ihrer Mama. Schweigsam ging sie ihren Pflichten nach. Selbst Mama erhielt auf tausend leicht begreifliche Fragen keine Antwort, und von Terr wären alle Unannehmlichkeiten erspart geblieben – wenn nicht... wenn die Pietsch nicht nach knapp dreiviertel Jahren einem kleinen Tode das Leben gegeben hätte, der vom Vater ganz gewiß mindestens die Statur hatte! Ja, da brach sie ihr rätselhaftes Schweigen, und von Terr, auf Alimentierung verklagt, zuckte reuig seine anspruchslosen Achseln; es floß auch ein bißchen Rhetorik über seine dürren Kiefern.

«So rächt sich jede Ehrlichkeit in der Liebe und im Leben; jede Minute, wo man sich kein Fleisch auf die Knochen lügt, jede Nacktheit wird sofort mit dem Tode gebüßt, und gerade das unverstellteste Leben ist ein totgeborenes Kind.»

Der Spaß bestand in nichts Geringerem, als daß endlich eine freundliche alte Witwe auf den Einfall gekommen war, sich wieder zu verheiraten. Wie es die Art alter Frauen nun einmal ist, so griff sie nachdenklich in die Dose und begann zu schnupfen. Da sie nachgerade ins Niesen geriet, wurde ihr der Kopf hell und sie sprach zu sich selber: «Anna!» und als wenn sie nicht zugehört hätte, betonte sie lauter: «Anna, Anna!» Jeder wird ihr gewiß recht geben. Sich selber laut beim Namen zu nennen, wenn man einen Gedanken hat, der unser Leben höllisch revolutioniert, ist gar ein deutliches Zeichen von Tiefsinn.

Die Witwe – Handschuhnummer 8!! – zog ihr Taschentuch, schneuzte sich, daß es klang wie eine morsche Turmglocke, schluchzte auf und weinte sich wieder jung. In diesem zivilisierten Zustande holperte sie auf die Straße und ging zu einem mäßigen Junggesellen, der ihr Nachbar war und dem sie gern zu verstehen geben wollte, was eine Harke ist. Es war nicht allzu leicht, indem dieser Nachbar besonders prophylaktisch veranlagt war. Aber wenn erst 'ne olle Wittib –

«Guten Abend!»

«Guten Abend!»

Hierauf verfuhr die infame Witwe resolut. Sie setzte sich hageldicht an den Nachbarn heran und begann einen Plausch, daß diesem die Weste zu eng wurde. Sie sprach von Theater, Gurkensalat, Maßliebchen, Schnürleibchen, Moses, Spitzhunden, Bettlaken, Ölsardinen, Kanonen und Flöhen. Als sie sah, daß der Augenblick gekommen war – nämlich der Nachbar, ein Herr in mittleren Jahren mit ungeheurer Vorliebe für Filzschuhe und Einsamkeit – war fast unter den Tisch geredet, alsdann heulte und jammerte sie unter Tränengüssen, rang die Hände, warf sich plötzlich über ihn, verbarg ihre Flügelhaube an seiner Hemdbrust und stöhnte:

«Wir tun uns eben zusammen!»

Selbst ein sehr strenger Logiker hätte über diese Manier, zu schlußfolgern, keineswegs überraschter sein können als Herr Wenndudoch (so hieß er leider). Wenndudoch besann sich etwa so lange wie ein Hahn braucht, um energisch zu krähen – dann aber krähte er mit einer förmlich unirdischen Stimme in die obige Witwe hinein: «Frau Trockendock (so hieß sie glücklicherweise), ich bedaure mit geneigter Miene, daß ich auf Ihre jeden von uns so sehr ehrende wie auch beglückende Offerte nicht eingehen kann.» Darauf tuschelte er ihr etwas ins Ohr, worauf sie ihm aber laut antwortete: «So? Na das macht doch nichts!» In diesem Augenblicke beschloß Wenndudoch, da eben nichts weiter half, irrsinnig zu werden. Siehe da, die Trockendock fand ihn jetzt erst interessant. «Wissen Sie», sagte sie zärtlich, «Sie glauben gar nicht, wie langweilig der normale Mann ist. Bleiben Sie man so!» Wenndudoch wurde blaß wie weiße Stubendekkentünche. Fünf Minuten später war er † †† Leiche. Dieser Mann war den Stürmen der Leidenschaft nicht gewachsen.

Es ist verzeihlich, daß er starb. Nur half es ihm nichts. Die Witwe radelte mit der Leiche zum Standesbeamten. Der blickte sie lange verwundert an. Er begab sich nach vollbrachter Amtshandlung sofort in ein Sanatorium. Das Ungewohnte ist so anstrengend!

Witwe Trockendock fand in ihrer neuen Ehe keine Befriedigung. Leichen sind stets schlechte Ehemänner gewesen – und gar wenn sie, wie in diesem Falle, schließlich gegen ihren Willen geheiratet wurden. Aber immerhin –! Es ging. Man vertrug sich. Man ergänzte sich, so gut es ging. Man wahrte die Dehors. Von Wenndudoch hat sie nie ein böses Wort gehört; überhaupt keins...

Die Berge drohten am dunklen Horizont, wie wenn eine Urweltartillerie aufgefahren wäre. Der Fluß rauschte breit und dämmerig, an seinen Ufern starrten die Gebüsche wie finstre Geister; ein Plätschern ward hörbar, ein Bleiches erschien im Wasser – das war die weiße Squaw.

Wigwamglanz, der stolze Indianer, bestieg weit hinten in der Ferne sein schmales Kanoe und trieb nun dahin, gerade auf die Stelle zu, wo die weiße Squaw badete; sein feines nervöses Lächeln war keinem Auge sichtbar; der Tag erst plaudert die Geheimnisse der Nacht aus. Aber beide, das junge bleiche Weib und der stolze kerngesunde Indianer witterten die gegenseitige Nähe. Dem Weibe war es, als ob das Wasser seine Haut mehr erwärmte, und der Indianer dachte urplötzlich an den Großen Geist seiner Urwälder. Das Weib schwamm lautlos auf dem Rücken: Wigwamglanz und sein Kanoe waren wie Schatten; keines verriet sich dem anderen, doch spürte jedes eine süße Gefahr. Da war es dem Indianer, wie wenn das Wasser ihn lockte, zu sich rief: er entledigte sich seines Federschmucks und seiner Mokassins und glitt ohne Ton in die nächtige Flut. Jetzt schwammen die beiden Leiber dicht im selben Element, ohne sich zu hören, zu berühren, aber mit einer Empfindung und Ahnung ihres Zusammenhangs und zugleich mit der rätselhaften Absicht, ihn zu vergessen, zu vermeiden. Es liegt im Wesen der Natur, die Katastrophe stets in Bereitschaft zu haben, selten zu betätigen. So nun waren auch hier von der Katastrophe des Geschlechts alle Dinge durchtränkt. Wie drohte das Gebirg! Wie schwer und liebend atmete die sehnsüchtige Luft! Wie geisterhaft verlangend standen die Gebüsche; das Wasser aber sang unhörbar ein wahnsinniges Lied, aus dem der Indianer den Reim von Skalp auf Leidenschaft heraushörte, sein Lächeln ward noch feiner, noch nervöser, er reckte seinen Hals, seine ganze Gestalt in einem irren Wunsch nach Blut und Zärtlichkeit. Über allem verschwieg der Nachthimmel ein lächerlich leicht lösbares Geheimnis.

Wigwamglanz der Stolze beherrschte spöttisch seine eigne Aufregung, er sah ihr zu, gleich wie er, gemartert, den Regen der Pfeile und Schmerzen höhnisch erlitten hätte! Dieser Stolz verhinderte ihn, die weiße Squaw anders als bloß mit den schwachen und heißen Fingern der gewissesten Ahnung zu betasten. Denn jetzt hatte die weiße Squaw ihn entdeckt: «es ist Wigwamglanz», murmelte das Weib in sich hinein, die süßeste Angstpein durchdrang sie, sie kannte ihn und seinen Stolz. Ihr Wunsch kämpfte mit ihrer Furcht; aber sie beschloß, den Stolzen zu demütigen. Lautlos schwamm sie zum Ufer, ergriff mit der einen Hand ihren geladenen Revolver, nahm ihre Kleider unter den Arm und trieb still wie ein gelähmter Schwan nach dem Kanoe; in dieses legte sie ihr Kleiderbündel nieder und erreichte wieder das Ufer. Dort schoß sie den Revolver ab und verschwand.

Wigwamglanz sprang wie ein geflügelter Fisch in sein Kanoe und schoß stromabwärts dahin. Er lächelte nicht mehr, der Stolz überzog sein Antlitz mit einer ehernen Maske, sein Herz arbeitete gegen den Aufruhr seiner Gefühle, aber ein wütender Kriegsschrei drang dennoch aus seiner Kehle, seinem Willen zum Trotz; ein silbernes Echo lachte aus der Ferne, und dieser kaum wahrnehmbare Hall stürzte seinen Stolz in eine unbegreifliche tiefe Scham; sein Stolz wurde so fraglich, seine ganze Haltung erschüttert. «Weiße Squaw?» murmelte er sanft und zürnend.

Aber herrlich und herrlicher rollte der Morgen herauf, und beim ersten zagen Strahle hielt Wigwamglanz ein weiches Bündel in der Hand, aus dem ein rosa Strumpfband ins Wasser fiel – wie reizend ward es geschaukelt. Wigwamglanz warf ihm das ganze Bündel nach; der Stolze hob sein Haupt zur Sonne, und in seine Augen kamen Tränen...

DAS WEIHNACHTSFEST DES ALTEN SCHAUSPIELERS NESSELGRÜN

Am 21. August 1910 wurde der bejahrte Schauspieler Giselher Nesselgrün so sentimental, wie er es sonst nur Weihnachten war, und mit einer von der Theatromanie begünstigten Einbildungskraft versetzte er sich in eine so festliche Stimmung, daß er beim Gärtner ein Tannenbäumchen erstand und alles irgend Nötige zur Ausschmückung und gehörigen Bescherung einkaufte. «Das ist doch geradezu lächerlich», knurrte er, «die Feste zu feiern wie sie fallen! Die Natur ist nur eine Art unbequemes Theater mit unübersehbarer Regie – ach! und mit lumpiger Gage. Corrigeons la nature!» Gegen Abend entzündete Nesselgrün die ganze Pracht, sein Phonograph ließ einen herrlichen Choral ertönen. Der alte Herr schellte, seine Wirtin kam und geriet über das Ungewöhnliche in einige Besorgnis. «Ihre Kinderchen, bitte!» rief der alte Herr. «Ja, aber Herr Nesselgrün, mit Weihnachten hat es doch noch Zeit – fühlen Sie sich wohl?» – «Ich danke, Frau Julke; also bitte, die Kinder!» Die Kinder erschienen, von Frau Julke ängstlich behütet, zwei Buben, ein noch ganz kleines Mädchen. Sie brachen in ein gräßliches Halloh aus, als im Moment ein kleines Tischfeuerwerk losprasselte und abbrannte. Frau Julke seufzte und fuhr mit der Hand nach dem Herzen. Dann sagte sie: «Mir freut es gewiß, Herr Nesselgrün, wenn Sie meine Kinders so'ne Überraschung machen – das muß ich Sie aber doch sagen: so alt als wie ich geworden bin» –

«Julke!» unterbrach sie der alte Herr streng, «Sie verstehen nichts von Regie, und Ihr Kaffee schmeckt wie Langeweile mit Ekel drin – jehn Sie hinter die Kulisse, das rate ich Ihnen!» Die Kinder weinten, Frau Julke riß sie aus dem Zimmer und schlug die Tür hinter sich zu. «Eine schlimme Weihnacht», brummte Giselher. Er sah aus dem Fenster, weil es ihm unten nicht geheuer schien. Eine Menge Menschen starrten zu ihm hinauf, unter ihnen stand Frau Julke, gestikulierte stark und hielt eine Rede. Die Leute lachten und johlten. Giselher stellte den Phonographen ins Fenster. «Stille Nacht, heilige Nacht» ertönte es in den Lärm hinein. Die Leute führten jetzt vor Vergnügen wahre Veitstänze auf. Nesselgrün wurde wütend: «Das Spiel ist vortrefflich», schrie er hinunter, «die Regie bewährt sich vollkommen. Daß das Publikum aus der Rolle fällt und den dürftigen prosaischen Umstand, daß heute außerhalb unseres Spiels Ende August ist, nicht vergißt» – mit eins entstand unten tiefe Stille, alles hielt den Atem an, unwillkürlich gefesselt – «daß das Publikum», fuhr Nesselgrün ingrimmig fort, «nicht so viel Illusionskraft hat, sich im Sommer den Winter vorzustellen, kommt mir bedenklich vor. Es ist ein Mangel an künstlerischer Kraft. Müßt ihr immer erst ins Theater gehen, Leute, oder auf Traum und Fastnacht, auf Rausch und Irrsinn warten, ehe ihr so kühn werdet, die Natur zu dirigieren? Ist nicht Weihnachten ein so schönes, erquickliches Fest, daß man es mindestens einmal in jedem Monat feiern sollte? Glaubt mir altem, ausgedienten Manne!» Damit schleuderte er Konfetti und künstlichen Schnee auf die Straße, und in einem Nu steckte er das kindliche Volk mit seiner Begeisterung an. Die allezeit zu Scherz, Fest und Freude aufgelegte Jugend riß die Eltern mit sich fort. Alle Gärtnerläden wurden geplündert. Bald flammten Lichtbäume an allen Fenstern; man sang heilige Lieder. Der kleine Ort war die ganze Nacht hindurch voller Fröhlichkeit. «Es ist der schönste Erfolg, den jemals ein Schauspieler errungen hat!» seufzte Nesselgrün. «Da leben sie nun, ganz in meine Illusion gehüllt. Ach! aber wer andere hineinversetzen will, darf selber nicht darin sein.» Er zog seinen Schlafrock eng um seine alten Glieder. «Frau Julke!» brüllte er. Die Frau steckte ihre Nase durch die Tür. «Welches Datum haben wir heute?» – «Außerhalb oder sonstwo?» replizierte die Julke. Nesselgrün lachte: «Sehen Sie, Frau Julke», belehrte er sie, «dem Theater gegenüber muß man vorsichtig sein. Wäre die Regie noch besser gewesen, dann hätte es heute auch außerhalb geschneit.» «Oh, du mein Gott», jammerte die Julke, «Sie machen alle Welt verrückt. Einen vons Theater nehme ich nie wieder!»

Was ein Kolibri ist, werden so ziemlich alle gebildeten, ungebildeten und halbgebildeten Vernunftbesitzer wissen: ein schönes Vögelchen mit einem sehr langen graziösen Schwanz, der beim Fluge wie ein gefiederter bunter Blitz durch die Luft sirrt. (Hä, wie gemein ist diese gezierte Ausdrucksweise!) Aber wirklich, der Kolibri ist ein so allerliebst niedliches Tierchen, von der Natur so konfitürenmäßig entzückend ausersonnen, daß alle Literatur ihm einfach übel nachhinkt – nein, die Literatur ist kein Kolibri; sie ist weit, weit eher eine Verbalinjurie, an der ganzen lieben Welt begangen. Unser Kolibri schillerte magisch in Grün, Blau und Purpur, war klein wie das Auge eines Wasserköpfchens, hieß Pilili, gehörte Herrn Heinrich Bröhle (vorm. Zweischurz & Schwabbe), war der Liebling von jung und alt. Ja, das war einmal eine reiche Familie! Können Sie sich vielleicht einen Kolibri halten, teure Mynona? Können Sie sich überhaupt etwas halten ?– nicht einmal eine Zeitung. Bröhles hielten alles sich, alles, das man irgend so hält: 54 Diener, 21 ½ Köche (1 Jungen!), 13 Hausmädchen, 5 Weißzeugnäherinnen, 8 Schuhputzer usw. usw. Zweischurz hatte schön spekuliert, Schwabbe brachte eigenes Geld hinzu; bis dann Bröhle auf den Gipfel der haute finance kraxelte. Oben befanden sich außer Pilili noch Bröhle Mutter, Bella; seine Frau, Molla (Amalie); und acht Kinder von 5, 7, 7, 7, 9, 9, 9 und 22 Jahren; wie man bei sorgfältiger Lektüre zwischen den Zahlen liest, hatte Molla zweimal Drillinge gew–geboren. Die lebten nun alle in feierlicher Vergnügtheit auf einem Schloß: einen Teil des Parkes hatten sie überglasdacht und in einen tropischen Urwald verwandelt; und hier sirrte, wehte, schnellte, zuckte, duftete der Pilili von Baum zu Baum. Gott, so ein lieber Vogel! Und doch einen Feind hatte er im ältesten Bröhle, Odoard. Gordon, Chlodwig, Seibolt sowohl wie Hulda, Tolla, Tixa und Finette vergötterten das Tierchen, küßten es, umarmten es, befreiten es von Ungeziefer, erzogen es, machten es zahm, rein, fromm, kinderlieb und bieder. «Pilili!» riefen sie, und so wippte es schon herbei, strich ihnen leicht wie eine Puderquaste mit seinem Schwanz über ihre sieben Bröhlenäschen und pickte von Tixas Nase, was just vorhanden war. So würden, ohne Odoard, Personen und Pilili ein Leben geführt haben, wie es im Paradies vor dem Sündenfall einfach en vogue gewesen ist. Gibt es denn gar kein Paradies ohne lauernde drohende Katastrophe?

Zwischen Pilili und Odoard war von Anfang an eine Spannung. Das ist so zu erklären: Es gibt schamhaft verkrochene Seelen, die beim Anblick, im Erleben eines Feinsten, Leisesten, Zartesten sofort gern trotzig tun, ja rüpelhaft werden. Sobald Odoard unsers Pilileins gewahrte, zuckte es schon nach einem Wurfgeschoß in seinen Fingern; hatte er sich doch zum Entsetzen seiner Geschwister tagelang trainiert, um den fliegenden Pilili mit einem Speichelspritzerchen zu treffen. Bella bekam Zustände, als sie es hörte; Molla warf sich längelang auf eine Causeuse und hauchte: «Oh, wen oder was gebiert man manches Mal mit Schmerzen?!» Bröhle sen. hatte mit Odoard eine längere Unterredung, in deren Verlauf er ihm den Schlüssel zum Urwald abnahm. Odoard geriet in eine maßlose Wut auf Pilili: daß ein solches...! ein solches...! ein solches «Tintenwisch-Aspirantchen», so ein «Zeppelin des Ungeziefers», «Riesenfloh mit Flügeln», «Luft-Aussatz», «Erbschleicher» usw. usw. imstande war, einen Odoard Bröhle um den Genuß eines ganzen Urwaldes zu bringen. Racheschnaubend strich er durch den offenen Park. Also natürlich: Sommerluft, impertinent blauer Himmel mit einem Aroma Abend, Baumrauschen, phlegmatisches Rasengrün, Vogelsingen, Vogelsingen – der ganze faule Naturzauber, unerträglich harm- und ahnungslos, unmenschlich gleichgültig. Aber wenn Gedanken töten könnten, wäre der Pilili bereits in Fäulnis übergegangen. (Der Gedanke, die Theorie ist leider lahm ohne die Praxis, der sehende Lahme leitet den gelenken Blinden.)

Odoards Rachegedanke wurde folgendermaßen praktisch. Er pfiff dem Kater Mucki und beide begaben sich auf die Mäusejagd in den Pferdestall. Dort stand ein Reitbursche in munterem Gespräch mit einem Schutzmann, der nicht interessanter aussah als die meisten Schutzleute. Seinen Helm hatte er abgenommen, an einen Haken getan, stand barhäuptig da und plauderte allerliebst – von einem bloßen Schutzmann gewiß alles Mögliche!! Aber was geschah? Etwas, das kein Schutzmann philosophisch hinnimmt: Mucki stöberte eine Maus auf, und die gehetzte, geängstigte Maus fuhr hoch und in den Helm hinein, der Helm fiel vom Haken, kollerte würdelos hin und her und überdeckte die etwas unbedenkliche Maus, die, sowie sie darunter zu entwischen versuchte, sofort von Mucki zurückgescheut wurde. Odoard, Schutzmann und Bursche standen zwei Sekunden starr vor Überraschung, dann schrie der Schutzmann wütend auf: (Uniformierte Beamte verbinden religiöse Assoziationen mit ihren Kleidungsstücken, empfinden leicht ihre anderweitige Verwendung als Profanation. So wenig man den Säbel eines Soldaten als Radier- oder Rasiermesser gebrauchen darf, so wenig ist der Schutzmannshelm ein buen retiro für Nagetiere.) Im lebhaften Gefühl dieses Axioms wollte der Bursche gleich zuspringen, um dem Helm zu Hilfe zu kommen; und der Schutzmann erhob schon den Schuhabsatz in entschieden mauszertreterischer Absicht – aber Odoard sagte wie die (angebliche) Jungfrau v. O.:

«Mein ist der Helm und mir gehört er zu.»

«Sie werden», sagte er zum Schutzmann, «doch keinen Helm mehr aufsetzen, den eine Maus jedenfalls schon verunsäubert hat! Hier sind 60 Mark, nehmen Sie einen neuen.» Der Schutzmann errötete bescheiden und kommt in dieser Geschichte gar nicht mehr vor. Desto mehr dagegen sein Helm.

Der Bursche mußte ein Stück Pferdedecke unter dem Helm wegschieben und fest herumschnüren, so daß die Maus im Helm gefangen war; eine Arbeit, bei der ihm Mucki die Finger arg zerkratzte. Nun muß man wissen, daß selbstverständlich Katzen und Mäuse vom Aufenthalt im Urwald ausgeschlossen waren. Odoard hatte vorgehabt, ein Mäuslein dort hineinzupraktizieren, um so der Katze eine Gelegenheit zu verschaffen – denn war erst der Kater zum Urwaldtier geworden, dann war eine gewisse zärtliche Verständigung zwischen ihm und Pilili nur noch eine Frage der kürzesten Zeit. Mucki, der mit der lebhaftesten Verständnisinnigkeit um Odoards rasch dahinschreitende Füße schlich, schielte schlau nach dem Helm, den dieser mit der Spitze nach unten in seinen Mörderhänden trug. Alles war im besten Gange, da – es mochte das um den Helm gewickelte Tuch schadhaft gewesen sein? – entschlüpfte hurtig die Maus, der Kater hinterdrein; Odoard stieß einen Fluch aus, warf den Helm zur Erde und zerknackte ihn mit einem Fußtritt. Er schlenderte durch den Park, den Helm vor sich herstoßend, mit ungeheuerlich antipililesken Gedanken. Es ist eine melancholische Sache um einen zerbeulten Schutzmannshelm! Überhaupt malträtierte Uniformstücke verstehen es, auf eine so intensive Weise zum Himmel zu schreien, daß Kain, wäre Abel uniformiert gewesen, den Tod lieber nicht erfunden haben würde. Odoard, in seinen über Vogelmord brütenden Gedanken, hatte gar nicht bemerkt, daß seine Helmschändung beobachtet worden war und zwar fatalerweise just von seinem Vater selbst. Wie sollte sich dieser gute Mann, der ans kaufmännische Kombinieren gewöhnt war, das wunderliche Benehmen Odoards erklären? Eines Sohnes Zorn, an Schutzmannshelmen ausgelassen, wirkt nicht immer beruhigend auf einen wohlmeinenden Vater. Bröhle sen. kombinierte: «Hat was ausfressen wollen. Schutzmann in Nähe ihn gesehen. Schutzmann ihn notieren wollen. Er Schutzmann Helm vom Kopf gehauen. Schutzmann außer sich! Verfolgung. Er mit Helm im Vorsprung. Hier sich an Helm brutal betätigt. Heillos dummer Junge! Unseliger Vater! Muß einschreiten. Muß verhüten, vermitteln. Sonst Unheil.»

Und richtig, in der Ferne sah er auch schon einen barhäuptigen Schutzmann auftauchen, denselben, der in dieser Geschichte nicht mehr vorkommt. Bröhle sen. rannte ihm spornstreichs nach – aber bevor er ihn noch eingeholt hatte, zwang ihn ein abenteuerlicherer Vorfall, inne zu halten und umzukehren; auch Bröhle jun. horchte auf: es erscholl vom Urwald her ein einziger Notschrei aus vielen Familienkehlen.

Ach, was ist der Mensch! Wie oft mißlingen die besten Absichten, so nahe sie schon der Erfüllung schienen; dagegen böse Pläne mühelos zuletzt gelingen, so dicht sie bereits am Scheitern waren.

Die Maus, dem Schutzmannshelm entronnen, schlug sofort den Weg nach dem Urwald ein, woselbst sie ein Familienidyll vorfand, gegen das die gesamte Gartenlaubenherrlichkeit sich geradezu dämonisch und dekadent ausgenommen hätte. Sie lagen in Hängematten. Kein störender Hauch. Der Pilili säuselte um sie her, über sie hin. Die Maus schnellte drauf los, erschrak, wollte zurück – aber fauchend fuhr der Kater auf sie los, er hatte sich durchgequetscht, er biß sie, spielte mit ihr. Die Hängematten pendelten wild, nach allen Gesetzen Galileis. Der Kolibri drückte sich (mit ziemlich ungesitteten Anzeichen der Angst) regungslos gegen einen Baumstamm. Der Kater – ihn sehen, anspringen, fassen, zerfetzen, daß die sanften langen Federn die Familie überwirbelten, das war eins. Die recht unegalen Leichen von Maus und Kolibri in der Schnauze, wollte Mucki das Weite suchen; allein, durch den gräßlichen Aufschrei der Familienmitglieder herbeibeschworen, erschienen jetzt Vater mit Sohn. Welche Pantomime! Welche stumme Szene! Hier versagen alle Ausdrucksmittel der Poesie! Es hagelte nur so von Stöhnern, Ohnmachten, Pathetik, Resignation. Lassen wir die Familie, lassen wir den ergriffenen Vater: uns interessiert allein der Seelenaufruhr Odoards. Odoard griff mit der einen Hand nach Mucki, mit der anderen nach Pilili. Er verschwand aus dem Urwald in die Tiefen des Parkes. Daselbst erwürgte er sofort den Kater mit größter Sorgfalt. Übrigens lernt man daraus leicht erkennen, daß die Überlegenheit des Katers über Pilili unecht war. Und überhaupt siegte Pilili auf der ganzen Linie mit erstaunlicher Konsequenz. Odoard verfiel in heillosen Trübsinn. Man fand ihn, wie er die kleine Leiche mit seinen Tränen marinierte. Ihm war gar nicht mehr aufzuhelfen. Den Pilili, den alle liebten, hatte Odoard mit jener überschraubten Liebe geliebt, welche ihren Gegenstand quälen muß. Diese Liebe hatte sich auf ein Seelchen geworfen, das viel zu fein, zu leicht zerstörbar war. Daraus folgt einer der Hauptsätze aus der gesamten Hygiene für Liebende: liebt, bitte, dauerhaft und Dauerhaftes! Große Trauer kann sonst auch schwer reiche Familien befallen. Liebt niemals einen Kolibri! Das schützt euch vor Melancholie.

CHARAKTERMUSIK

Eine haarige Geschichte

Der Kriminalschutzmann Maier I hatte eine grandiose Entdeckung gemacht, war voll Feuer und Flamme, sie wirksam einzuführen, und begab sich zu seinem Vorgesetzten, dem Leutnant Baron von Lux. «Na, Maier, lassen Sie hören», ermutigte ihn der bärbeißige, aber im Grunde gutmütige Mann; und Maier ließ hören und sehen, daß Herrn v. L. das Hören und Sehen fast verging.

Maier holte nämlich eine allerliebste Spieluhr aus seiner Rocktasche hervor, zog sie auf, und alsbald schnurrte sie eine ganz eigentümliche Melodie ab.

Von Lux war sehr erregt – «heißt», schnauzte er, «Späßchen verbitte ich, Maier, Teufel auch, Teufel auch!» Aber Maier gab jetzt eine genaue Erklärung: «Das ist die Melodie des Schutzmannes Hese», sagte er bestimmt – «also, wenn Hese eine Leierkastenwalze wäre, so würde er diese und keine andere Melodie abgeben. Folglich erkennt man ihn und nur ihn an dieser Melodie; folglich erlaubt diese Melodie, jede Person unverkennbar zu identifizieren; folglich ist sie das unzweideutigste Kriterium der Identität; folg...» – «Maier!» unterbrach ihn der Leutnant fast wütend, «jetzt hab' ich den Unsinn satt. Sie sind wohl übergeschnappt?» In diesem Moment schnappte die Spieluhr ab, und Maier sprach ungeheuer höflich: «Herr Leutnant, es ist eine wahre Entdeckung und Erfindung, und sie betrifft das Haar.» «Das Haar?» – «Das Haar.» «Na, Maier, Gott bewahre! drücken Sie sich 'mal rasch verständlich aus; oder drücken Sie sich!» «Wie ich so neulich, als mein kleiner Sohn Julius grade drehorgelte, beim Rasieren war, heult Julius plötzlich auf und bringt mir die mit haarfeinen Metallstiftchen ringsum besetzte Spielwalze; bekanntlich entsteht doch die Melodie, wenn die Walze sich dreht, dadurch, daß die Stiftchen Widerstand finden, geknippst und gezippt werden.»

«Höhö», bejahte von Lux.

«Nun», fuhr Maier fort, «war mir schon das feine metallische Klingen aufgefallen, wenn ich die Rasierschneide über die Bartstiftchen führte.»

«Herrjeh! Mensch! Mensch!» schrie der Leutnant laut auf und rutschte mit seinem Stuhl. «Und da lag doch die Nutzanwendung sehr nahe: was mag die Barthaut, überhaupt die Haarhaut für 'ne Melodie geben, wenn man sie um so eine Walze wickelt», sagte Maier. «Himmel! Sie haben doch nicht etwa den Hese mit Haut und Haaren auf eine Walze gespannt?» Maier lachte respektvoll: «Ich machte es anders, Herr Leutnant. Ich ließ ein Stück seiner rasierten Wangenhaut vergrößert photographieren und stellte nach dieser Photographie minutiös genau diese Walze hier her. Man könnte aber direkte Versuche mit Leichen machen, Herr Leutnant.» Von Lux riß seine Augen auf und starrte den Schutzmann wild an: «Aber Mann! Wozu denn die Umstände! Wir haben doch genug einfachere Methoden der Rekognoszierung. Das ist doch 'ne ganz ausgefallene Chose. Geh'n Sie damit in die Schreckenskammer von Castans Panoptikum. Schluß!»

«Entschuldigen, Herr Leutnant, aber es handelt sich auch um die Musik. Die eigentümliche Melodie der Person, die der Komponist sonst aus der Luft greift, kommt doch hier zum erstenmal aus der Person, wie sie leibt und lebt. Und andererseits muß es doch interessant sein, Walzen, die der Mechaniker nach Tönen herstellt, gewissermaßen zu personifizieren.» «Mein lieber Maier», lächelte Herr von Lux verkniffen, «Ihr Versuch, Musik in die Kriminalistik zu bringen, ist ganz einfach eine Schweinerei. Ne! ne, mein Lieber, alles, was wahr ist! Mein Lebtag hab' ich noch keinen solchen Unsinn gehört. Nanu lassen Sie man das Experimentieren; sonst klimpre ich Ihnen 'mal an die Wimpern – hast du Töne!? –»

Was bin ich? Welche Frage! Ich bin ja der größte Antinumismatiker. Neulich sagte mir jemand: «Exzellenz! pst!» Ich war nicht beleidigt. Als er aber hinzufügte: «Das geht auf Sie, das ist auf Sie gemünzt» – da gab ich ihm eins aufs Trittbrett, daß er sich noch heut um seine Achse dreht.

Übrigens war ich nicht immer so. Das war ne selige Illusion, als ich es mit dem Antiphilatelismus versuchte. Ich danke schön, da hätte man viel zu tun. So ließ ich sie denn ihre kleinen bunten Papierchen weiter sammeln. Ein Paar Hefte so en passant, de gaieté de cœur zu verbrennen – immer los! Da bin ich nicht gegen. Aber schließlich soll ne gesunde Opposition doch mehr einbringen als Asche. Der Antiphilatelismus ist nichts für konsequente Utilitarier. So laßt sie man sammeln!

Dagegen die Numismatik – eine Erbfeindin, Antipodin aller menschlichen Verwertbarkeit: alles Unnützen Quintessenz – ich laufe rot an, wenn ich nur an diese Ludrians denke.

Wie? Geprägtes Metall, Gold, Geld – sammeln? Hilfe! Ich werde verrückt, ich muß mir die Weste aufknöpfen. Es ist ja das krasseste désaveu, die systematischste Negation des Geldes, des deutlichsten Inbegriffs aller menschlichen Wertschätzungen. Ich muß mir den Kragen abknöpfen und mich kalt überduschen. Warum nicht gleich Menschen sammeln? Könige sammeln? (deren Profile ja der Numismatiker nicht verschmäht!) Briefträger sammeln? Sammeln, sammeln, sammeln – ich gerate außer mir, ich kann mich nicht erholen, ich komme um! Im Sammeln allein liegt schon so viel Idiotie: aber Münzen sammeln ist die Konzentration dieses Irrsinns. Was folgt? Seid gewarnt! Propaganda der Tat! Bartholomäushochzeit für die gesamte Numismatik in ihren Hauptvertretern. Es ist nicht «harmlos», wenn man das Geld, statt es auf Zins zu legen oder schlicht auszugeben – «sammelt». Ich koche. Ich habe die Antisammelwut. Ich möchte platzen.

An diesem Symptom eben verrät sich die enorme Lebensgefährlichkeit der Ästhetisierung des Nützlichen. Pfui! Geld soll nicht «schön» – äh! – sein, sondern kulant, kurrent. Schönheit ist überhaupt – aber ich schweige, ich habe Brechreiz, wenn allerhand Fritzen vom Gelde Schönheit wollen – für Geld... à la bonheur! Das Nützliche soll gebraucht, verwendet werden; es soll so häßlich sein, daß es jeden dieser Sammler geradezu abschreckt und «Tod allen Sammlern» soll darauf eingerändelt stehen! Oder: «Haut sie!» Oder: «Wer mich sammelt, sei verdammelt»; oder so ähnlich.

Mit einem Wort: es muß aufhören! Wo ich noch einen Numismatiker entdecke, werde ich ihn konfiszieren und mir so nach und nach eine lachhafte Sammlung dieser Sammler anlegen, bis sie der Teufel holt. Am allergeeignetsten zur Vertilgung dieser Landplage wäre ein großes numismatisches Irrenhaus. Mir scheint nämlich, daß vom Prinzip der Numismatik aller übrige Irrsinn deriviert ist. Geld, also kondensierte Vernunft, kondensierte Menschheit, statt sie zu betätigen, zu sammeln??? Mir steht der Schweiß auf der Stirn, ich kann nicht mehr. Confessus sum.

DIE TORTUREN DES GOTTES MUMBA

Paulo Scheerbart in Züchten!

Mumba, der schalkhafteste Gott des dreckigen «Sternes» Erde, wollte grausam sein, er hatte die Erde im Magen. Und er wollte doch wieder nicht grausam sein, denn er liebte die Erde: Mumba grübelte. Seine Gottheit legte ihm die Verpflichtung auf, zu lieben, es gut zu meinen; ein Gott, der nicht gut ist, ist ein Teufel. Und doch wurde Mumba des Teufels, wenn er die dreckige Erde roch. Aber gerade der wollte, mußte er gut sein, kraft seiner Gottheit. Er grübelte tief. Ach Mumba. Er fand die Erde zu menschlich. Die Menschlichkeit war der Erde bis ins innerste Gebein gedrungen. Der Granit hatte so was Suppiges angenommen. Die Luft sah aus wie ein Brautschleier. Die Beben der Erde grollten schon doktrinär moralisch; es gab didaktische Gewitter, religiöse Platzregen, rhetorische Organe, scheußlich ästhetisierende Landschaften, predigende Himmelsröten, blaustrümpfige Wolken. Die Verderbnis hatte vom Menschen aus bereits die bekannten drei Reiche durchsucht. Kristalle, Chemikalien kriegten was Artefaktes, Mathemateskes. Pflanzen wuchsen so recht à la Schiller «unbewußt», mit ihrer Schamlosigkeit und Unschuld prahlend. Und die Tiere – Gott steh uns bei! Die wilden sahen peinlich gelehrt aus, man kann es nicht anders sagen, wie wenn sie Brillen auf der Nase hätten. Der ganze Klimbim hatte was Professorales. Nun erst die geliebte Menschheit selbst: samt und sonders «gebildet»; es gab keine Indianer mehr, keine Afrikaner, keine Orientalen mehr; die Zivilisation hatte sie alle humanisiert – – brrrr! Mumba war ja kein Kraftmaier – oh nein, kein Schwärmer für gebildete Rassen-Ferozität. Es hatte in seinen Augen keinen Zweck, durch Gebildetheit wilde Völker und Tiere zu zivilisieren. Er verachtete die künstliche Kultur so heftig wie die rohe Kraft. Er lehnte die

Menschheit ab, feine und rohe. Und doch liebte Mumba, selbstverständlich wie Götter lieben, mit Hilfe der Dressurpeitsche, des Schmerzes. Mumba liebte nur allzusehr die Selbstzerstörbarkeit des Menschen. Der Mensch als Selbstmörder war seine Wollust. Und deshalb grübelte er gar nicht lange mehr, sondern ersann Qualen für diejenigen Menschen, die das geringste Talent zum Selbstmord haben: für die Phlegmatiker. Was den Rest anlangte, ach Herrje, der war fabelhaft leicht aus der rissigen Haut zu bringen. Aber diesen Dickfellnaturen wuchs die geplatzteste Haut im Handumdrehen wieder zum dicksten Fell zusammen. Mumba suchte nach dem musterhaftesten Versuchstier und fand es in einem der bekanntesten australischen Monarchen, dem festen Kaiser Schrill von Knällen. Gelang es Mumban, dieses Urpachyderm aus der Fassung zu bringen, so war die Menschheit insgesamt geliefert, mehr als der konnte nicht einmal der idiotischste menschliche Leichnam vertragen.

Ahnte Schrill was von Mumba? Nein, die Schrille regieren, sie ahnen gar nichts als calauerandi causa – ihre Ahnen. Der Mumba begriff das und raunte Schrillen ins Herz, er stamme von einem der schönschenkeligsten Lakaien der Kaiserin-Mutter ab. Schrill sah an sich herunter, verglich, forschte, spielte mit seiner Mama eine Hamletszene und? Und regierte weiter, er schwor zum monarchischen Prinzip. Mumba stärkte das republikanische, ließ eine Revolution ausbrechen. Schrill, nicht faul, peitschte seine Soldaten aufs Volk. Das Volk, noch weniger faul, entwaffnete die herzensgute Armee, selbst die braven höchsten Offiziere durch seine Gemütsfülle sowie durch respektable Zivilangebote. Schrill mußte abdanken, setzte sich einen hellgrauen Zylinder aufs Haupt und fuhr aus einem eleganten Exil ins andre, suchte Propaganda für sich zu machen. Als das schlecht anschlug, kniete er sich hin und sagte: «Ich bin *doch* der Kaiser!» Er richtete sich einen netten kleinen Hofstaat ein und lebte mit strengstem Zeremoniell.

Mumba warf ihn voller Wut aufs Totenbett –: «balsamiert mein Herz und setzt es mit kaiserlichem Gepränge bei, leistet meinem Sohn den Untertanen-Treueid», waren Schrills letzte Worte. –

Werden's die geliebten Leser nur glauben? Mumba scheiterte am monarchischen Prinzip. Mit wem kämpfen bekanntlich selbst Götter vergebens? Mumba sah es ein: Die Menschheit ist durch das monarchische Prinzip vor der Selbstzerstörung geschützt. Republikanern kann man ihre Illusionen zerplatzen lassen wie? Wie Seifenblasen natürlich. Der Monarch ist der Archäus der Menschheit! –

Mumba ließ die Erde Erde sein, ihre Meere Lloydhaft zutraulich, ihre Lüfte zeppelinisch jovial, ihre Gebirge tunnelmäßig bierehrlich und zahnrädrig lächelnd, Gewitter wie Backfische kichernd. Wolkenbrüche studentisch pladdernd, Landschaften mit dem Ausdruck Wilhelm Bölsches in den Linien. Ja, selbst das Grausen alter Mitternächte der Unheimlichkeiten nahm ganz deutlich immer mehr H. H. Ewerssche Formen an.

Da..... Mumba auf die Erde und ihren Archäus und ging? Zum Scheerbart. – Ach Mumba!

ROSA,
DIE SCHÖNE SCHUTZMANNSFRAU

Kennt ihr die trüben Stunden, wo der Schutzmann stundenlang nachts im Regen steht, während seine Frau –?

Aber ganz anders war Rosa, die bildschöne Schutzmannsfrau. Warum? Warum war sie so anders? Es lag gewiß nicht an den Umständen; es lag in ihr drinn. Und ganz gewiß nicht an ihrem Manne, einem Burschen von altem – sagen wir, Schrot und Korn, den Rosa liebte. Aber ein bessrer Frauenkenner (mit Glück im Auge) sagte mir mal: die Frau ist ein holdes Geheimnis. Und als ich ihm nicht Unrecht gab, setzte er hinzu: entschleiern Sie sie nur äußerlich, nie seelisch! Dann sagte er noch was von Schiller, ein Zitat, ich habe es vergessen, es wird mir unvergeßlich sein! Inzwischen ging Rosa aus, und – glauben Sie mir! – sie ging so schön, daß einem uralten Invaliden das Maul aufschnappte, worauf auch seine Pfeife invalide wurde. Rosa ging über naßspiegelnden Asphalt; sie ging durch eine prachtvolle Passage, sie überschritt mit hochgerafftem Rock den Fahrdamm. Und an der Ecke stand der Mensch, der sie liebte, nicht ihr Mann, aber auch ein Mann.

Diesem Mann drang beim Anblick der duftig daherschreitenden Rosa (sie ging nicht wie Damen einig mit sich selbst, auch nicht wie Halbweltlerinnen problematisch, erst recht nicht wie das viel zu bekannte Mädchen aus dem Volke, wissen Sie, drall und allegro; sondern ging, ich kann es nicht anders sagen: wie das Gehen selber in eigner Person) drang also eine Träne ins Auge. Verführerischer wäre im allgemeinen ein Monokel gewesen, aber das erzieht zur Selbstbeherrschung, und der Mann hatte weder sie noch es. Rosa bemerkte nicht sobald den Mann, als sie auf ihn zueilte und eifrig auf ihn einsprach:

«Alles würd' ich für Sie tun, alles! Sagen Sie nichts, ich verstehe Sie. Aber Sie verstehen mich nicht, Sie ahnen nicht, was ich leide – und wie glücklich ich trotzdem bin. Sagen Sie nichts! Mein Mann hat Dienst, es regnet, er steht in der Nässe, ist Schutzmann. Es ist nicht das! Aber ich komme nicht drüber weg. Ach! Ich bin ihm noch treuer, wenn er nicht bei mir ist. Ich weiß, Sie lieben mich. Es ist keine Gefahr – oh mein Gott! Wir könnten uns besitzen... Gewiß! und es ist mir innerlich unmöglich: nicht als Ehe-, sondern als Schutzmannsfrau. Ich liebe Sie – wenn Sie das tröstet! Mich kann nichts trösten, ich bin schlimmer dran als eine Nonne, denn die kann ihr Gelübde abschwören, ich bin durch mich selbst gebunden.»

Ich erinnere mich, daß der Mann zwei Beine hatte, die gerieten während der Worte Rosas in ein eigentümliches Zappeln. Bald stand er auf dem rechten, bald auf dem linken, er nahm auch den Hut ab und fuhr mit der Hand durch sein reiches, volles, brünettes Haar. Er stand seelisch auf dem Kopf, er seufzte wie ein träumendes Waldvögelein, schlug sich mit dem Spazierstock auf die Waden, rollte die Augen wie Nero beim Brande Roms. Indem schloß Rosa so:

«Begreifen Sie mich doch! Ich habe ja schon als kleines Kind, wenn ich einen Schutzmann sah, Konvulsionen bekommen. Ich weiß doch nicht, ob es allen so geht? Mein Gewissen läßt mir keine Ruhe, diese Uniform erst macht mich zum Weibe, zu etwas Weichem, Bleichem, Zitterndem, Überwältigtem.»

Dem Manne ging ein Licht auf, er ahnte so was wie die Geburt der Uniform aus dem Geiste der Erotik. Dann fragte er plötzlich eiskalt:

«Und wenn ich hinginge und wagte es und zöge mir so eine Uniform an? Und sage: was hat denn dein Mann vor dem Rest voraus?»

Rosa zog ihre Venusnase krumm: «Vorher rein gar nichts – aber jetzt alles, alles! Als ich einen nahm, war's mit allen andern aus – ja, selbst wenn er uns den Gefallen täte und mich zur Witwe machte – das könnte ich nicht mehr vergessen! Es ist ja keine Liebe, Liebe ist ja dagegen was

Blödes, ich bin diese bestimmte Schutzmannsfrau aus allen Leibes- und Seelenkräften. Ich bin's und bleib's.»

Der Mann taumelte wie Goliath, als er von Davids Schleuder getroffen... na, Sie wissen ja. Er fiel aber nicht hin, er schrie so laut, daß ein Schutzmann herbeikam. Er schrie wie ein Tobsüchtiger: «Aber das ist ja Wahnsinn! Das muß man ja in der Hypnose wegsuggerieren lassen! Das ist ja irgend was psychoanalytisch ganz leicht zu Ermittelndes. Ih da muß ich doch gleich mal an Freud selbst nach Wien –»

Weiter kam er nicht, eine der fast jedem Inländer wohlbekannten schweren Hände legte sich auf seine zuckende Schulter: «Das werden Sie nicht!» sagte Rosas Eheschutzmann, er war es nämlich. «Sie werden sich gefälligst ruhig und sittsam entfernen. Um meine Frau ist mir nicht bange. Die liebt jeder, und sie liebt jeden. Widerstände gibt's da nicht in der Liebe. Sie ist jung, schön und feurig – sehn Sie ja! Es steckt aber in ihr! Haben Sie ja gehört. Und nu Schluß! Ich bin oft nicht zu Hause, ich kann Sie ja nicht hindern – aber ich bin eben stärker vor Hörnern beschützt. Sie würde die Ehe ohne weiteres brechen, aber nicht diese; die ist durch das, was Sie eben Wahnsinn genannt haben, so gesichert, daß ich selbst – es kommen einem ja manchmal so Gedanken – es nicht ändern könnte. Nanu Adieu!»

Er marschierte mit Rosa ab. Der Mann wie benommen in der konträren Richtung. Er hat Rosa nie wiedergesehn. Er hat sich die Liebe zu ihr nie aus dem Herzen reißen können. Es war noch viel später (in Straßburg vorm Münster), als er trüb vor sich hin murmelte: «Rosa, du holdes Geheimnis! Du Sphinx aller Gendarmerie!»

«Mensch», sagte jemand, als ich ihm das erzählte, «pfui! Verdräng deine Vorstellungen geschickter!» Ach ja! Über die Sphinx sollte jeder den Mund noch besser halten als sie selber. «Und nennen Sie mein Maul nicht Mund!» unterbrach die Sphinx ihr meilenlanges Schweigen.

GOETHE SPRICHT IN DEN PHONOGRAPHEN

Eine Liebesgeschichte

«Es ist doch schade», sagte Anna Pomke, ein zaghaftes Bürgermädchen, «daß der Phonograph nicht schon um 1800 erfunden worden war!»

«Warum?» fragte Professor Abnossah Pschorr. «Es ist schade, liebe Pomke, daß ihn nicht bereits Eva dem Adam als Mitgift in die wilde Ehe brachte; es ist Manches schade, liebe Pomke.»

«Ach, Herr Professor, ich hätte wenigstens so gern Goethes Stimme noch gehört! Er soll ein so schönes Organ gehabt haben, und was er sagte, war so gehaltvoll. Ach, hätte er doch in einen Phonographen sprechen können! Ach! Ach!»

Die Pomke hatte sich längst verabschiedet, aber Abnossah, der eine Schwäche für ihre piepsige Molligkeit hatte, hörte noch immer ihr Ächzen. Professor Pschorr, der Erfinder des Ferntasters, versank in sein habituelles erfinderisches Nachdenken. Sollte es nicht noch jetzt nachträglich gelingen können, diesem Goethe (Abnossah war lächerlich eifersüchtig) den Klang seiner Stimme abzulisten? Immer, wenn Goethe sprach, brachte seine Stimme genau so regelrecht Schwingungen hervor, wie etwa die sanfte Stimme deiner Frau, lieber Leser. Diese Schwingungen stoßen auf Widerstände und werden reflektiert, so daß es ein Hin und Her gibt, welches im Laufe der Zeit zwar schwächer werden, aber nicht eigentlich aufhören kann. Diese von Goethes Stimme erregten Schwingungen dauern also jetzt noch fort, und man braucht nur einen geeigneten Empfangsapparat, um sie aufzunehmen, und ein Mikrophon zur Verstärkung ihrer inzwischen schwach gewordenen Klangwirkungen, um noch heutzutage Goethes Stimme lautwerden zu lassen. Das Schwierige war die Konstruktion des Empfangsapparats. Wie konnte dieser speziell auf die Schwingungen der Goetheschen Stimme berechnet werden, ohne daß Goethe leibhaftig hineinsprach? Fabelhafte Geschichte! Dazu müßte man eigentlich, fand Abnossah, den Bau der Goetheschen Kehle genau studieren. Er sah sich Bilder und Büsten Goethes an, aber diese gaben ihm nur sehr vage Vorstellungen. Schon wollte er das Ding aufgeben, als er sich plötzlich darauf besann, daß ja Goethe selbst, wenn auch in Leichenform, noch existierte. Sofort machte er eine Eingabe nach Weimar, man möge ihm die Besichtigung des Goetheschen Leichnams, zum Zwecke gewisser Abmessungen, auf kurze Zeit gestatten. Er wurde aber mit dieser Eingabe abschlägig beschieden. Was nun? –

Abnossah Pschorr begab sich, ausgerüstet mit einem Köfferchen voll feinster Abmessungs- und Einbruchsinstrumente, nach dem lieben alten Weimar; nebenbei gesagt, saß dort im Wartesaal erster Klasse die stadtbekannte Schwester des weltbekannten Bruders im anmutigen Gespräch mit einer alten Durchlaucht von Rudolstadt; Abnossah hörte gerade die Worte: «Unser Fritz hatte stets eine militärische Haltung, und doch war er sanft, er war mit andern von echt christlicher Sanftmut – wie würde er sich über diesen Krieg gefreut haben! und über das herrliche, ja heilige Buch von Max Scheler!»

Abnossah schlug vor Schrecken längelang hin. Er raffte sich nur mit Mühe wieder auf und nahm Quartier im «Elephanten». In seinem Zimmer prüfte er die Instrumente sorgsam. Dann aber rückte er sich einen Stuhl vor den Spiegel und probierte nichts Geringeres an als eine überraschend portraitähnliche Maske des alten Goethe; er band sie sich vors Antlitz und sprach hindurch:

«Du weißt, daß ich ganz sicher ein Genie,
Am Ende gar der Goethe selber bin!

Platz da, Sie Tausendsapperloter! Oder ich rufe Schillern

und Karl Augusten, meinen Fürsten, zu Hülfe, er Tölpel, er Substitut!»

Diesen Spruch übte er sich ein, er sprach ihn mit sonorer, tiefer Stimme.

Zur späten Nachtzeit begab er sich an die Fürstengruft. Moderne Einbrecher, die ich mir alle zu Lesern wünsche, werden über die übrigen Leser lächeln, die einen Einbruch in die wohlbewachte Weimarer Fürstengruft für unmöglich halten. Sie mögen aber bedenken, daß ein Professor Pschorr, als Einbrecher, kolossale Vorteile vor noch so geschickten Einbrechern von Fach voraus hat! Pschorr ist nicht nur der geschickteste Ingenieur, er ist auch Psychophysiolog, Hypnotiseur, Psychiater, Psychoanalytiker. Es ist überhaupt schade, daß es so wenige gebildete Verbrecher gibt: wenn nämlich dann alle Verbrechen gelängen, so würden sie endlich zur Natur der Dinge gehören und so wenig bestraft werden wie Naturereignisse. Wer stellt den Blitz zur Rede, daß er den Kassenschrank des Herrn Meier schmelzt? Einbrecher wie Pschorr sind mehr als Blitze, denn gegen sie hilft kein Ablenker.

Pschorr konnte ein Grausen hervorrufen und die vor Entsetzen fast Erstarrten obendrein durch Hypnose an die Stelle bannen; und das in einem einzigen Augenblick. Denken Sie sich, Sie bewachten um Mitternacht die Fürstengruft: auf einmal steht Ihnen der alte Goethe gegenüber und bannt Sie fest, daß nichts mehr an Ihnen lebt als der Kopf. In solche Köpfe auf scheintoten Rümpfen verwandelte Pschorr die ganze Bewachungsgilde. Bis der Krampf sich löste, blieben ihm gut und gern etwa zwei Stunden, und diese nutzte er kräftig aus. Er ging in die Gruft, ließ einen Scheinwerfer aufzucken und fand auch bald den Sarg Goethes heraus. Nach kurzer Arbeit war er mit der Leiche bereits vertraut. Pietät ist gut für Leute, die sonst keine Sorgen haben. Daß Pschorr zweckgemäß am Kadaver Goethes herumhantierte, darf ihm nicht verargt werden; er nahm auch einige Wachsabdrücke; im übrigen hatte er vorgesorgt, daß er Alles und Jedes wieder in die vorige Ordnung brachte. Überhaupt sind gebildete Amateur-Verbrecher zwar radikaler als die Fachleute, aber gerade diese Radikalität des exakten Gelingens gibt ihren Verbrechen den ästhetischen Liebreiz der Mathematik und restlos aufgelöster Rechenexempel.

Als Pschorr sich wieder ins Freie begab, legte er noch einige Eleganz in diese Präzision, indem er absichtlich einen Posten wieder vom Bann befreite und ihn dann, wie oben, ins Gebet nahm. Dann riß er sich draußen sofort die Maske vom Antlitz und ging in langsamstem Tempo zum «Elephanten». Er freute sich; er hatte, was er gewollt hatte. Gleich am andern Morgen reiste er zurück.

Nun begann für ihn die regste Arbeitszeit. Sie wissen, man kann nach einem Skelett den fleischernen Leib rekonstruieren; jedenfalls konnte das Pschorr. Die genaue Nachbildung der Goetheschen Luftwege bis zu Stimmbändern und Lungen hatte für ihn jetzt keine unüberwindbaren Schwierigkeiten mehr. Die Klangfärbung und Stärke der Töne, die von diesen Organen hervorgebracht wurden, war auf das leichteste festzustellen – brauchte man doch nur den Luftstrom, der Goethes nachgemessenen Lungen entsprach, hindurchstreichen zu lassen. Es dauerte nicht lange, und Goethe sprach, wie er zu seinen Lebzeiten gesprochen haben mußte.

Allein, es handelte sich darum, daß er nicht nur die eigne Stimme, sondern auch die Worte wiederholte, die er mit dieser Stimme vor hundert Jahren wirklich gesprochen hatte. Dazu war es nötig, in einem Raum, in dem solche Worte oft erschollen waren, Goethes Attrappe aufzustellen.

Abnossah ließ die Pomke bitten. Sie kam und lachte ihn reizend an.

«Wollen Sie ihn sprechen hören?»

«Wen?» fragte Anna Pomke.

«Ihren Goethe.»

«Meinen?! Nanu! Professor!»

«Also ja!»

Abnossah kurbelte am Phonographen, und man hörte: «Freunde, flieht die dunkle Kammer...» usw.

Die Pomke war eigentümlich erschüttert.

«Ja», sagte sie hastig, «genau so habe ich mir das Organ gedacht, es ist ja bezaubernd!»

«Freilich», rief Pschorr. «Ich will Sie aber nicht betrügen, meine Beste! Wohl ist es Goethe, seine Stimme, seine Worte. Aber noch nicht die wirkliche Wiederholung wirklich von ihm gesprochener Worte. Was Sie eben hörten, ist die Wiederholung einer Möglichkeit, noch keiner Wirklichkeit. Mir liegt aber daran, Ihren Wunsch genau zu erfüllen, und darum schlage ich Ihnen eine gemeinsame Reise nach Weimar vor.»

Im Wartesaal des Weimarer Bahnhofs saß wieder zufällig die stadtbekannte Schwester des weltbekannten Bruders und flüsterte einer älteren Dame zu:

«Es liegt da noch etwas Allerletztes von meinem seligen Bruder; aber das soll erst im Jahre 2000 heraus. Die Welt ist noch nicht reif genug. Mein Bruder hatte von seinen Vorfahren her die fromme Ehrfurcht im Blute. Die Welt ist aber frivol und würde zwischen einem Satyr und diesem Heiligen keinen Unterschied machen. Die kleinen italienischen Leute sahen den Heiligen in ihm.»

Pomke wäre umgefallen, wenn Pschorr sie nicht aufgefangen hätte; er wurde dabei merkwürdig rot, und sie lächelte ihn reizend an. Man fuhr sofort nach dem Goethehaus. Hofrat Professor Böffel machte die Honneurs. Pschorr brachte sein Anliegen vor. Böffel wurde stutzig:

«Sie haben Goethes Kehlkopf als Attrappe, als mechanischen Apparat mitgebracht? Verstehe ich Sie recht?» –

«Und ich suche um die Erlaubnis nach, ihn im Arbeitszimmer Goethes aufstellen zu dürfen.» –

«Ja, gern. Aber zu was Ende? Was wollen Sie? Was soll das bedeuten? Die Zeitungen sind gerade von etwas Sonderbarem so voll; man weiß nicht, was man davon halten soll. Die Posten der Fürstengruft wollen den alten Goethe gesehen haben, und einen habe er sogar angedonnert! Die andern waren von der Erscheinung so benommen, daß man sie ärztlich behandeln lassen mußte. Der Großherzog hat sich den Fall vortragen lassen.»

Anna Pomke blickte prüfend auf Pschorr. Abnossah aber fragte verwundert:

«Was hat das aber mit meinem Anliegen zu tun? Es ist ja allerdings kurios – vielleicht hat sich ein Schauspieler einen Scherz erlaubt?»

«Ah! Sie haben recht, man sollte einmal in dieser Richtung nachspüren. Ich mußte nur unwillkürlich... Aber wie können Sie Goethes Kehlkopf imitieren, da Sie ihn doch unmöglich nach der Natur modellieren konnten?»

«Am liebsten würde ich das getan haben, aber leider hat man mir die Erlaubnis versagt.»

«Sie würde Ihnen auch wenig genutzt haben, vermute ich.»

«Wieso?»

«Meines Wissens ist Goethe tot.»

«Bitte, das Skelett, besonders des Schädels würde genügen, um das Modell präzis zu konstruieren; wenigstens mir genügen.»

«Man kennt Ihre Virtuosität, Professor. Was wollen Sie mit dem Kehlkopf, wenn ich fragen darf?»

«Ich will den Stimmklang des Goetheschen Organs täuschend naturgetreu reproduzieren.»

«Und Sie haben das Modell?» –

«Hier!»

Abnossah ließ ein Etui aufspringen. Böffel schrie sonderbar. Die Pomke lächelte stolz.

«Aber Sie können doch», rief Böffel, «diesen Kehlkopf gar nicht nach dem Skelett gemacht haben!?»

«So gut wie! Nämlich nach gewissen genau lebensgroßen und -echten Büsten und Bildern; ich bin in diesen Dingen sehr geschickt.»

«Man weiß es! Aber was wollen Sie mit diesem Modell in Goethes ehemaligem Arbeitszimmer?»

«Er mag da manches Interessante laut ausgesprochen haben; und da die Tonschwingungen seiner Worte, wenn auch natürlich ungemein abgeschwächt, dort noch vibrieren müssen»,

«Sie meinen?»

«Es ist keine Meinung, es ist so!»

«Ja?»

«Ja!»

«So wollen Sie?»

«So will ich diese Schwingungen durch den Kehlkopf hindurchsaugen.»

«Was?»

«Was ich Ihnen sagte.»

«Tolle Idee – Verzeihung! aber ich kann das kaum ernst nehmen.»

«Desto dringender bestehe ich darauf, daß Sie mir Gelegenheit geben, Sie zu überzeugen, daß es mir ernst damit ist. Ich begreife Ihren Widerstand nicht; ich richte doch mit diesem harmlosen Apparate keinen Schaden an!»

«Das nicht. Ich widerstrebe ja auch gar nicht; ich bin aber doch von Amts wegen verpflichtet, gewisse Fragen zu stellen. Ich hoffe, Sie verargen mir das nicht?»

«Gott bewahre!»

Im Arbeitszimmer Goethes entwickelte sich jetzt, im Beisein Anna Pomkes, Professor Böffels, einiger neugieriger Assistenten und Diener, die folgende Szene.

Pschorr stellte sein Modell so auf ein Stativ, daß der Mund, wie er sich vergewisserte, dort angebracht war, wo der Lebende sich einst befunden hatte, wenn Goethe saß. Nun zog Pschorr eine Art Gummiluftkissen aus der Tasche und verschloß mit dessen einem offenstehenden Zipfel Nase und Mund des Modells. Er öffnete das Kissen und breitete es wie eine Decke über die Platte eines kleinen Tisches, den er heranschob. Auf diese Art Decke stellte er einen allerliebsten Miniaturphonographen mit Mikrophonvorrichtung, den er seinem mitgebrachten Köfferchen entnahm. Um den Phonographen herum wickelte er nun sorgfältig die Decke, schloß sie wieder in Form eines Zipfels mit winziger Öffnung, schraubte in den offenen freien Zipfel, dem Munde gegenüber, eine Art Blasbalg, der aber, wie er erklärte, die Luft des Zimmers nicht in die Mundhöhle hineinblies, sondern aus ihr heraussaugte.

Wenn ich, dozierte Pschorr, den Nasenrachenraum des Modells jetzt gleichsam ausatmen lasse, wie beim Sprechen, so funktioniert dieser speziell Goethesche Kehlkopf als eine Art Sieb, welches bloß die Tonschwingungen der Goetheschen Stimme hindurchläßt, wenn welche vorhanden sind; und es sind gewiß welche vorhanden. Sollten sie schwach sein, so ist eben der Apparat mit Verstärkungsvorrichtungen versehen.

Man hörte im Gummikissen das Surren des aufnehmenden Phonographen. Ja, man konnte sich des Grausens nicht erwehren, als man innen undeutlich eine leiseste Flüstersprache zu vernehmen glaubte. Die Pomke sagte:

«Ach bitte!» und legte ihr feines Ohr an die Gummihaut. Sie fuhr sofort zusammen, denn innen rauschte es heiser:

«Wie gesagt, mein lieber Eckermann, dieser Newton war blind mit seinen sehenden Augen. Wie sehr gewahren wir das, mein Lieber, an gar manchem so offen Scheinenden! Daher bedarf insonders der Sinn des Auges der Kritik unsres Urteils. Wo diese fehlt, dort fehlt eigentlich auch aller Sinn. Aber die Welt spottet des Urteils, sie spottet der Vernunft. Was sie ernstlich will, ist kritiklose Sensation. Ich habe das so oft schmerzlich erfahren, werde aber nicht müde werden, aller Welt zu widersprechen und nach meiner Art gegen Newton Farbe zu bekennen.»

Das hörte die Pomke mit frohem Entsetzen. Sie zitterte und sagte:

«Göttlich! Göttlich! Professor, ich verdanke Ihnen den schönsten Augenblick meines Lebens.»

«Haben Sie etwas hören können?»

«Gewiß! Leise, aber so deutlich!»

Pschorr nickte zufrieden. Er blasbalgte noch eine Weile und meinte dann:

Vorläufig dürfte das genügen.

Bis auf den Phonographen verpackte er alle Utensilien wieder in seinem Köfferchen. Alle Anwesenden waren interessiert und erschrocken. Böffel fragte:

«Sie glauben wirklich, Professor, einstmals hier gesprochene Worte Goethes reell wieder aufgefangen zu haben? ein echtes Echo aus Goethes eigenem Munde?» –

«Ich glaube es nicht nur, sondern bin dessen gewiß. Ich werde jetzt den Phonographen mit Mikrophon repetieren lassen und sage Ihnen voraus, Sie werden mir recht geben müssen.»

Das bekannte heisere Zischen, Räuspern und Quetschen. Dann ertönte eine besondre Stimme, bei deren Klang alle Anwesenden, Abnossah selber, elektrisiert zusammenzuckten. Man hörte die soeben zitierten Worte. Sodann ging es weiter:

«Ei wohl! Er, Newton, er hat es gesehen. Hat er? Das kontinuierliche Farbenspektrum? Ich aber, mein Bester, ich wiederhole es, er hat sich getäuscht: er hat einer optischen Täuschung beigewohnt und selbige kritiklos hingenommen, froh darüber, nur sogleich zählen und messen und klügeln zu können. Zum Teufel mit seinem Monismus, seiner Kontinuierlichkeit, da doch ein Farben-Gegensatz den Schein dieser erst möglich macht! Eckermännchen! Eckermännlein! Bleiben Sie mir ja im Sattel! Das Weiße – weder gibt es Farbe her, noch ist aus Farben jemals Weißes zu gewinnen. Sondern es muß sich, durch ein Mittel, mit Schwarz mechanisch verbinden, um Grau; und chemisch vermählen, um das bunte Grau der Farben erzeugen zu können. Und nicht Weißes erhalten Sie, wenn Sie die Farbe neutralisieren. Sondern Sie stellen dann den ursprünglichen Kontrast wieder her, also Schwarz gegen Weiß: wovon man nun freilich nur das Weiße blendend klar sieht. Ich, Lieber, sehe die Finsternis ebenso klar; und hat Newton allein ins Weiße, so habe ich, mein gar Wertester, zudem noch ins Schwarze getroffen. Ich dächte doch, das sollte der weiland Bogenschütz in Ihnen baß bewundern! So und nicht anders ist und sei es! Und die fernere Enkel- – bedenkt man die absurde Welt, wohl gar allzu ferne Urenkelschaft wird über Newton von mir lachen lernen!»

Böffel hatte sich gesetzt, alles jubelte durcheinander. Die Diener trampelten vor Vergnügen, wie die Studenten in des ungeheuer umwälzenden, hochherrlichen Reuckens, des bieder-dämonischen Greises, flammenden Vorlesungen. Aber Abnossah sagte streng:

«Meine Herrschaften! Sie unterbrechen Goethes Rede! Er hat noch etwas zu sagen!»

Stille trat wieder ein; man hörte:

«Nein und aber nein, mein Teuerster! Gewiß hätten Sie gekonnt, wofern Sie nur gewollt hätten! Der Wille, der Wille ist es, der bei diesen Newtonianern schlecht ist. Und ein schlechtes Wollen ist ein verderbliches Können, ein tätiges Unvermögen, wovor es mich schaudert, da ich es doch allenthalben über und über gewahr werde und daran gewöhnt sein sollte. Der Wille, mein Guter, der Sie harmlos genug darüber gesonnen sein mögen, ist der wahrhafte Urheber aller großen und kleinen Dinge; und nicht das göttliche Können, sondern das Wollen ist es, das göttliche Wollen, an dem der Mensch zuschanden wird und alle seine Unzulänglichkeit daran erweist. Würden sie göttlich wollen, so wäre das Können notwendig und nicht nur leicht, und gar manches, mein Lieber, wäre alltägliche Erfahrung, was jetzt nicht einmal ahnungsweise sich hervorwagen dürfte, ohne angefeindet oder verspottet zu werden.

Da war der junge Schopenhauer, ein das Höchste versprechender Jüngling, voll vom herrlichsten Wollen, aber dieses durchaus angekränkelt vom Wurmfraß des Zuviels, der eignen Ungenügsamkeit. Wie, in der Farbenlehre, ihn die reine Sonne verblendete, daß er die Nacht als keine andre Sonne, sondern als null und nichts dagegen gelten und wirken ließ, so bestach ihn im Ganzen des Lebens dessen ungetrübter Glanz, gegen dessen reines Strahlen ihm das Menschenleben gar nichts und verwerflich schien. Ersehen Sie, mein Bester! daß der reinste, ja, der göttlichste Wille Gefahr läuft, zu scheitern, wenn er unbedingt starr sich durchzusetzen begierig ist: wenn er auf die Bedingungen, als auf ebenso viele mit Notwendigkeit gesetzte Mittel seines Könnens, nicht klüglich und geschmeidig einzugehen, sich bequemt! Ja, der Wille ist ein Magier! Was vermöchte er nicht! Aber der menschliche Wille ist gar kein Wille, er ist ein schlechter Wille, und das ist der ganze Jammer. Ha! haha! hehe! hi!» Goethe lachte sehr mysteriös und fuhr fast flüsternd fort: «Ich könnte sehr wohl, mein Köstlicher! Ihnen noch etwas anvertrauen, etwas verraten. Sie werden es für ein Märchen halten; mir selbst aber ist es zur vollen Klarheit aufgegangen. Der eigne Wille kann das Schicksal übermeistern, er kann es zwingen, daß es ihm diene, wenn er – nun horchen Sie wohl auf! – die göttlich ungemeine, wenn er die schöpferische Absicht und Anstrengung, welche in ihm ruht und angespannt ist, keineswegs wähnte, auch noch überdies in angestrengtester Absichtlichkeit äußern und durch die angestraffteste Muskulatur nach außen hin wirksam sein lassen zu sollen. Sehen Sie die Erde, wie sie es drehend treibt! Welcher irdische Fleiß! Welches unaufhörlich bewegte Treiben! Aber wohlan, mein Eckermännlein! dieser Fleiß ist nur irdisch, dieses Treiben nur mechanisch fatal – hingegen der magische Sonnen-Wille göttlich ruhend in sich selber schwingt, und durch diese so höchst ungemeine Selbstgenügsamkeit jenen Elektromagnetismus entwickelt, welcher das ganze Heer der Planeten, Monde und Kometen in dienendster Unterwürfigkeit wimmelnd zu seinen Füßen erniedrigt. Mein Lieber, wer es verstände, es erlebte, im allerdurchlauchtesten Geistessinne dieser hehre Täter zu sein! – – – Allein, genug und abermals genug. Ich bin es gewohnt gewesen, wo ich andre und oft sogar Schillern frei schwärmen sah, mir Gewalt anzutun, jener so göttlichen Aktivität zu Liebe, von der man nur schweigen sollte, weil alles Reden hier nicht nur unnütz und überflüssig wäre, sondern, indem es ein albern gemeines Verständnis, wo nicht gar das entschiedenste Mißverständnis erregte, sogar schädlich und hinderlich werden müßte. Denken Sie des, Trauter, und hegen es in Ihrem Herzen, ohne daß Sie es zu enträtseln trachteten! Vertraun Sie, daß es sich Ihnen einst von selber enträtseln werde, und gehen heut Abend mit Wölfchen, den es schon gelüstet, ins Schauspiel, da Sie denn mit Kotzebue gelinde verfahren mögen, wiewohl es uns widert!»

«O Gott», sagte die Pomke, während die andern begeistert auf Abnossah eindrangen, «o Gott! Ach dürfte ich endlos zuhören! Wieviel hat uns dieser Eckermann unterschlagen!»

Aus dem Apparat kam, nach geraumer Weile, ein Schnarchen, dann gar nichts mehr. Abnossah sagte:

«Meine Herrschaften, Goethe schläft hörbar. Wir hätten vor einigen Stunden, wo nicht gar einem Tage, nichts mehr zu erwarten. Längeres Verweilen ist nutzlos. Der Apparat richtet sich, wie Ihnen einleuchten muß, so genau nach der Wirklichkeit des Zeitablaufs, daß wir, an dieser Stelle, günstigsten Falls, erst wieder etwas hörten, falls Eckermann am selben Abend nach dem Theater nochmals bei Goethe erschienen wäre. Ich habe keine Zeit mehr, das abzuwarten.»

«Wie kommt es», fragte Böffel, ein wenig skeptisch, «daß wir gerade diese Aussprache mit anhören konnten?»

«Das ist ein Zufall», erwiderte Pschorr. «Die Bedingungen, vor allem die Struktur des Apparats und sein Standort, waren zufällig so getroffen, daß (wie ausgerechnet) grade diese und keine andern Tonschwingungen wirksam werden konnten. Allenfalls habe ich respektiert, daß Goethe saß, und den Platz des Sessels.»

«Ach bitte, bitte! Abnossah!» (Die Pomke war wie im

Rausch, fast mänadisch, sie nannte ihn beim Vornamen, was noch nie geschehen war.) «Versuchen Sie's doch noch an einer andern Stelle! Ich kann nicht genug hören – und wenn's auch nur das Schnarchen wäre!»

Abnossah ließ den Apparat verschwinden und schnallte den Koffer zu. Er war sehr blaß geworden:

«Meine liebe Anna – meine Gnädigste», verbesserte er sich: «– ein andermal!» (Die Eifersucht auf den alten Goethe zerwühlte ihm das Eingeweide.)

«Wie wäre es», fragte Böffel, «mit Schillers Schädel? Das würde ja den Streit entscheiden, ob man den echten hätte.»

«Gewiß», sagte Abnossah, «denn wenn man Schillern sagen hörte: ‹Wie wärsch mit e Scheelchen Heeßen?› – so wäre es nicht Schillers Schädel. – Ich überlege mir, ob sich die Erfindung nicht raffinieren ließe? Vielleicht stelle ich einen Durchschnittskehlkopf her, an dem man schrauben kann, wie an einem Operngucker, um ihn an alle irgend möglichen Schwingungsarten zu akkommodieren. Man könnte dann die Antike und das Mittelalter wieder sprechen hören, die richtige Aussprache der alten Idiome feststellen. Und die verehrten Zeitgenossen, die unanständige Dinge laut sagten, wären der Polizei auszuliefern.»

Abnossah bot der Pomke seinen Arm, und sie gingen wieder nach dem Bahnhof. Behutsam traten sie in den Wartesaal, aber die Stadtbekannte hatte sich schon entfernt. Abnossah sagte:

«Wenn sie mir den Kehlkopf des berühmten Bruders auslieferte? Aber sie wird es nicht tun; sie wird einwenden, das Volk sei noch nicht reif, und die Intelligenz habe nicht die Ehrfurcht des Volkes, und so ist nichts zu machen, Geliebte! Geliebte! Denn (oh!) das! Das sind! Das bist du! Du!»

Aber die Pomke hatte gar nicht hingehört. Sie schien zu träumen.

«Wie er die R's betont!» hauchte sie beklommen.

Abnossah schneuzte sich wütend die Nase; Anna fuhr auf, sie fragte zerstreut:

«Sie sagten etwas, lieber Pschorr? Und ich vergesse den Meister über sein Werk! Aber mir versinkt die Welt, wenn ich Goethes eigne Stimme höre!»

Sie stiegen zur Rückfahrt in den Bahnwagen. Die Pomke sprach nichts, Abnossah brütete stumm. Hinter Halle a. S. schmiß er das Köfferchen mit dem Kehlkopf Goethes aus dem Fenster vor die Räder eines aus entgegengesetzter Richtung heranbrausenden Zuges. Die Pomke schrie laut auf:

«Was haben Sie getan?»

«Geliebt», seufzte Pschorr, «und bald auch gelebet – und meinen siegreichen Nebenbuhler, Goethes Kehlkopf, zu Schanden gemacht.»

Blutrot wurde da die Pomke und warf sich lachend und heftig in die sich fest um sie schlingenden Arme Abnossahs. In diesem Moment erschien der Schaffner und forderte die Fahrkarten.

«Gott! Nossah!» murmelte die Pomke, «du mußt, du mußt mir einen neuen Kehlkopf Goethes verschaffen, du mußt – sonst –»

«Kein Sonst! Après les noces, meine Taube!»

Prof. Dr. Abnossah Pschorr
Anna Pschorr geb. Pomke
Vermählte
z. Z. Weimar im «Elephanten»

Denken sich mal! Also denken Sie sich mal ein riesengroßes, ein Ei so groß wie etwa der Petersdom, der Kölner und Notre Dame zusammengenommen. Also denken Sie sich mal: Ich, nicht faul, geh durch die Wüste, und mitten in der Wüste (Durst, Kamel, weißes Gebein in braungelbem Sand, eine Messerspitz' El-se-las-Kersch-üler, Karawane, Oase, Schakal, Zisterne, Wüstenkönig – pschüh!!) ragt und wölbt sich das herrliche Riesen-Ei. Denken sich mal die Sonne ein Funkeln prall 'runterduschend, daß das Licht vom Ei nur so abspritzt. Mein erster Gedanke war: Fata (Fee) Morgana. Nix zu machen! Ich tippe dran. Das Ei verrät sich dem Tast- und Temperaturgefühl. Ich frage 'rein: «Ist da jemand drin?» Keine Antwort! Jeder andre wäre vorbeigegangen, es wäre ihm nicht geheuer gewesen, oder was weiß ich. In solchen Fällen pflege ich aber nicht eher zu ruhen, als bis ich genau weiß, woran ich bin. Ich geh also um das Ei 'rum – und richtig, in Manneshöhe entdeck' ich einen dunkelgrünen Knopf, so groß wie eine Walnuß. Ich drücke. Das Ei sinkt Ihnen mächtig in den Boden, bloß die Spitze guckt noch aus dem Wüstensand 'raus. Denken Sie mal, wie das auf mich wirken mußte. Auf der Spitze war aber ein ebensolcher Druckknopf. Ich drücke – der Donner! Es gibt mir einen Schlag: das Ei war plötzlich, aber doch sanft, wieder hochgeglitten. Denken Sie mal, daß ich mitten in der Wüste dieses Spiel gegen hundertmal wiederholte. Denken Sie mal! Ich freute mich wie ein Kind. Schließlich wurde ich aber allmählich auf den tiefern Sinn dieses kindischen Spiels neugierig. Untersuche also nochmals das Ei und finde endlich nach langem Bemühen eine ganz feine Fuge, die vertikal durch das ganze Ei zu gehen scheint. Ich sehe mir den Druckknopf an, ich fasse ihn an, ohne zu drücken, unversehens drehe ich dran – da legst di nieder: Das Ei legt sich auf die Seite; die Spitze, auf der es stand, kehrt sich mir aus der Erde wie die einladendste Pforte zu, ein jaspisgelber Eidotter glänzt mich verheißend an. Denken Sie mal, da verschönte, wie man sagt, ein Lächeln meine häßlichen Züge. Auf dem Eidotter las ich folgende Inschrift:

«Wüstenwanderer,
der zum erstenmal das
Ei der Eier
erblickt und sich (denken Sie mal!) kindlich daran ergötzt
hat,
wisse:
daß dieses Ei allein die Wüste zum Eden umschaffen kann.
Eia!
Löse mir nun dieses Eies Geheimnis!»

Verfluchter Leser, haben Sie die Fuge vergessen? Diese Fuge ging nun auch vertikal über die bauchige Eidotterpforte. Aber kein Knopf war dran. Ich klopfe an, es klingt, wie wenn Sie sich bei geschlossenen Ohren mit der Fingerspitze auf den Deetz hacken. Ich seh' mir nochmals ganz genau die kreisrunde Grenze an zwischen Dotter und Schale, und denken Sie mal, rechts von der Spalte, der Fuge, ist eine vielleicht fingergroße Öffnung; ich stecke auch vorsichtig den Finger hinein. Aber denken Sie mal, ich kriege ihn nicht wieder 'raus. Was würden Sie nun getan haben? Zur nächsten Polizei gehen? Ha, Europa bleibt hier hübsch draußen! Außerdem läßt kein Ehrenmann so leicht seinen Finger im Stich. Da ich den Finger nicht wieder 'rauskriegte, drückte ich mit der ganzen Gewalt meiner Hand noch fester nach – und richtig, der Dotter rechts ließ sich 'raufrollen, ich bekam den Finger frei und sah in das Ei hinein. Da ich aber nichts Genaues unterschied, gab ich dieser rechten Eidotterhälfte einen kräftigen Schubs nach oben und stieg (denken Sie mal) in das Ei hinein. Ich hatte das Gefühl, als ginge ich auf gelbem Schnee. Nachdem sich meine Augen an die milde Dämmerung gewöhnt hatten, seh' ich auf einmal sich eine breite schöne Treppe mit flachen Alabasterstufen vor mir erheben. Steige nun hoch auf ein Aussichts-Plateau und staune das Ei-Innere an. Hüben liegt die Pforte, drüben die Gipfelspitze, unter mir gelber Schnee, über mir gleißt durch die Fuge die obige Wüstensonne. Denken Sie mal an meine Situation! Immerhin entdecke ich im ganzen weiter nichts Merkwürdiges, es sei denn die Spitze, wo irgendetwas zu lauern schien. Vom Plateau aus führte dorthin eine entgegengesetzte Treppe, die ich dann auch betrat, und die abwärts bis zur Spitze ging. Und diese ewige Eierschalenwölbung! Der ewige gelbe Schnee, oder was es für'n Zeugs war. Wie ich nun endlich an der Spitze stehe, seh' ich im selben Moment die Pforte gegenüber zurollen, denken Sie nur mal an. Ich schreie. Ich kann Ihnen nur den guten Rat geben: schreien Sie nie in einem Ei! Das gibt so'n herumrollendes Getöse, daß Ihnen schlimm wird.

Aber nicht nur die Pforte rollt zu, sondern ich merke, das Ei geht Ihnen wieder hoch, es richtet sich auf, aus der Treppe wird eine steilrechte Leiter, auf deren oberster Sprosse ich stehe. Und plötzlich, denken Sie mal, fühl' ich das Wüsten-Ei wieder tief in die Erde sausen. Trotzdem blieb es schön dämmerig, denn seh'n Sie mal: die Eierschale phosphoreszierte nur so drauf los. Und nun endlich geschah das Seltsamste: Das Ei sprach mit mir, das heißt: es phosphoreszierte mich immerfort so artikuliert an, daß ich unwillkürlich verstehen mußte. Denken Sie mal, das Ei behauptete, die Wiedergesundung der ganzen Wüste hinge von seiner Vernichtung ab. Ein scherzhaftes Ei! Ich lächelte nicht wenig. Da wetterleuchtete mir das Ei die bekannte These: «Die Wüste wächst!»

Und ob ich nicht bemerkt hätte, daß das Ei steigen und sinken könne? Na ob! Es sagte mir nun, ich solle auf der Leiter zur untern Pforte klettern, sie öffnen und ein kleines, aber widerwärtiges Hindernis dort unten beseitigen; ich würde dann schon weiteres hören (oder vielmehr sehen). Während mein einziger Gedanke war: wie komme ich nur recht rasch aus diesem unheimlichen Ei? mußte ich jetzt im Gegenteil noch obendrein in der Versenkung unterm Ei verschwinden! Aber freundlich phosphoreszierte das Ei mir zu, getrost hinunterzusteigen, und wie auf sanften Fittichen fühlte ich mich mehr getragen, als daß ich ging. Die Pforte jedoch ließ sich so leicht nicht öffnen. Bedenken Sie auch nur mal, daß sie einige hundert Meter unter der Erdoberfläche lag, und daß ich gar nicht wissen konnte, welche Hölle losbrach, wenn ich den Eidotter da unten wieder aufrollte. Als ich zögerte, phosphoreszierte man mir wieder ermutigend zu. Endlich fand ich mit dem Finger wieder die kleine Öffnung und schob das Ding in die Höhe. Kaum klaffte die Öffnung, als aus dieser ein Sturmsausen fuhr, das mich im Moment, so daß ich fast erstickte, hoch gegen die Eispitze schmiß, und, ehe ich noch wußte, was mit mir geschah, klappte diese Spitze nach außen zurück wie ein Deckel, und ich lag im Wüstensand.

Jetzt fort! war mein erster Gedanke – ein Königreich für ein Kamel oder Dromedar! Kein Schiff der Wüste im ganzen Umkreis! Statt dessen – was glauben Sie wohl, wie ich staunte, als ich entdeckte, daß hinter mir aus dem Ei mir jemand nachgekrochen war, eine Art Mumie mit Bändern und Wickeln. Die Dame (oder meinen Sie, daß es ein Herr war?) sagte mir in einer Sprache, die ich seltsamerweise, trotzdem ich sie noch nie vernommen hatte, doch sofort verstand (bilden Sie sich ein, es wäre eine Musik ohne Tonleiter gewesen) folgendes:

«Vorwitziger, einfältiger, furchtsamer, nicht aber antipathischer Menschenkerl! Der Zufall, harmloser Weltling, hat dich geadelt! Bis jetzt lächerlich oberflach das kranke Geheimnis meiner Wüste durchpilgernd, bist du schon, von meinem Hauch berührt, nicht mehr unbedeutend genug, meinen Wink mißzuverstehen. Wisse, die Wüste ist dasselbe nur deutlicher, was die Erde ist, leonum arida nutrix, fast unfruchtbar, weil ihr das Ei, das Prinzip der Fruchtbarkeit, aus dem Zentrum ihrer Sphäre gerenkt, an ihrer Oberfläche verdorrt und ausschalt, und ich, die Seele der Seelen, zur Mumie und erst durch dich, erhabener Dummkopf, elektrisiert worden bin. Wie wirst du von deiner eignen Tat jetzt überragt! Vollende sie! Du drückst, wenn ich wieder im Ei bin und die Spitze zuklappt, auf deren Knopf. Im selben Maße, wie dann langsam, langsam, aber unfehlbar sicher dieses Ei zur Erdmitte sinkt, wird es kleiner und kleiner, in seiner fruchtbaren Kraft aber konzentrierter, und es entbindet sie, wenn es, in der Mitte angelangt, zur Mitte rein vernichtet und verdichtet ist, strahlend durch und durch nach außen, nach oben, bis in alle Himmel hin. Auch du, mein Guter, erst eben noch ein kleiner Lumpenhund von Unbedeutendheit, wirst es spüren: leben heißt genial sein, göttlich empfinden und wirken! Wohlan!»

... Kennen Sie zufällig den preziösen alten Baron, der bei ähnlichen Gelegenheiten hundertmal hintereinander «Wahnsinn, Wahnsinn!» sagt? Ich ließ also die Mumie ruhig über Eierschalenbord hopsen. Ich klappte ja auch, wie ich gern gestehe, den Ei-Deckel ruhig wieder zu. Aber den Knopf? Den hab' ich nie wieder berührt! Ich langte mir von hinten her meine vom Eierstaub übel gelb bemehlten Rockzipfel nach vorn, und, sie unter meine Arme nehmend, rannte ich rascher als jedes Kamel davon.

Was heißt hier überhaupt «Prinzip der Fruchtbarkeit?» Soll ich die Erde übervölkern? Soll ich mich (ausgerechnet mich) von einer ollen Mumie in Ungelegenheiten bringen lassen? Weiß Gott, die Erde ist kein Eierkuchen, am wenigsten aux confitures. Sollte das Heil der Welt von einer Nebensache abhängen? Vom Druck auf einen Knopf? Schließlich weiß ich gar nicht mehr, wo das Ei zu finden ist. Wenn aber der Leser Lust hätte, so wäre ja grade dieses Ei bei der nächsten Ostereiersuche sehr zu empfehlen! Denn wenn ich auch feige davongelaufen bin – wer weiß! Vielleicht gehört größerer Mut dazu, ein ganz nahes ungeheures Glück leicht zu ergreifen, als ein abenteuerlich fernes unter Überwindung ungeheurer Gefahren auch bloß zu ahnen. Prüfen wir uns! Denken Sie mal nach, ob Sie jetzt gleich sofort auf der Stelle durch einen leichten Fingerdruck das Massen-Glück, das Heil der ganzen Welt herbeiführen wollten? Ob Sie davor nicht eine fürchterlichere Angst anwandeln würde als vor irgendeinem Ihrer so bequem zu habenden Märtyrertode??

Und doch lasse ich in Gedanken heimlich manche Träne auf das Ei der Wüste fallen; ich hätte – ja! hätte drücken sollen –!

– sagte Klärchen. Und wie gerade ihr Blick schmelzen wollte, faßte ich mich, kam ihr zuvor und ließ den meinigen noch vorher schmelzen.

«Aber was wird dein Papa sagen?»

«Mein Papa kann mich –»

«Um Gottes willen!»

«– am Ende nicht zurückhalten.»

So begann unsere Liebe.

(Fortsetzung folgt)

*

(Fortsetzung)

Der Friede brach plötzlich herein wie ein Ungewitter. Die Wipfel der Bürger welkten. Die Kinder verloren den süßen Analphabetismus aus ihren (wie Tante sagte) Gesichtchen. Der Friede legte sich auf die Straße, in der unser Häuschen steht, da sah es bald aus wie der Turm zu Pisa, wissen Sie, die Toilette mit ihrem Schwerpunkt über den Unterstützungspunkt der Hauskapelle beinah hinausfallend. Miessauers Liebesgesang an Albanien erscholl draußen vor den Toren. Da sagte mir Klara:

«Die Lande in Ruhe! Atme auf, du Rumplertaube ob dem London meines nicht mehr stürmischen Busens.» Ich lachte, wie nur der Glückliche im Frieden lachen kann – so nämlich:

... daß die Flöhe leiser stechen,
die dich kurz vorher behopsten,
und die Läuse, die sich moppsten,
in dein Fell von frischem brechen.

(Fortsetzung folgt)

*

(Fortsetzung)

Nun war Klara endlich eine alte Frau geworden, die sich meiner kaum noch erinnerte. Ich selbst ruhte auch lange schon von meinen Irrfahrten (auf dem Friedhof der Selbstmörder) aus. Unsre junge Generation feierte bereits ihre fünfzigsten Geburtstage; sie trug in ihren Anzügen Taschen, in denen sie die Fäuste ballen konnte. Sonst alles so liebenswürdig, selbst der Tod lächelte schelmisch, und in seinen Wangen zeigten sich liebliche Senkgrübchen. Da – ich glaube Mittwoch – karjolte mein Grab los. Ein langer Schleier von Verzweiflungen wehte flordünn über die Eingesunkenen, darunter her rollten unsere Gräber wie blumengeschmückte Autos beim Festkorso. Wir sausten zur Stadt, ich ließ mein Autograb vor dem Haus meiner greisen Wittib halten: «Wie bist noch gegen mich gesinnt? Und weinest oder lachst du?»

(Fortsetzung folgt)

*

(Fortsetzung)

Auch die andern Grabgefährten hielten bald da, bald dort. Und die Ihnen bekannten «Lieben», die sich gern «unsre» nennen, kamen. Sie kamen herbei, sie eilten, sie genierten sich. Auch Klara kam:

«Wie hast du dein Leichentuch arrangiert, Helmut-Hinrich? Immer noch der alte Theatraliker – so in die Höhe, so –» ein Tränenrieseln drang unter ihren zarten, welken Lidern hervor, und die Sonne. Ich meine wohl, die Sonne schien so goldwarm um die alte Gestalt herum, so unsäglich ironisch, so anders. Rührungen gibt es, ganz leise, unmerklich, bis zum Sterben des Todes. Ich hatte mit Klara einige Kinder erzeugt, sie sahen aus den Fenstern, sie winkten mit den Tüchern, ich rasselte mit knöchernen Fingern hinauf wie mit Kastagnetten und ballerte meinen Schädel bis unters Dach. Doch:

«Ade nun, ihr Lieben,
Geschieden muß sein!»

(Fortsetzung folgt)

*

(Fortsetzung)

Klara wollte gern mit; ich widerriet es ihr. Laß deinen andern Fuß, flehte ich, nicht wissen, daß du mit dem einen schon dort stehst, wohin ich jetzt mit meinen beiden springe. Noch ein Kuß. Noch einer. Noch zwei. Noch $\sqrt[\infty]{\infty^{\infty\infty\infty\infty\infty\infty\infty\infty\infty\infty}}$ Küsse. Ein Blick von der Brechungskraft $(\frac{4}{5}{}^{\infty} \cdot \frac{8}{1000})^{\infty}$ – und

«Weiter, weiter...», na, «hopp, hopp, hopp!» schon weniger. Nein, sämtliche Trompeten von Jericho unsre Hupen. «Die Gräberautos», hieß es in einem Bericht, «passierten soeben unser Örtchen. Die Spitzen der Behörden hatten sich mit der Schuljugend zur Begrüßung aufgestellt. Bürgermeister Verbogen hielt die Festrede, worin er überzeugend nachwies, daß justament einzig und allein die Selbstmörder eine ganz besondere Talentiertheit zur Unsterblichkeit entfalteten. An Exzellenz Häckel ging ein Huldigungstelegramm ab.»

(Fortsetzung folgt)

*

(Fortsetzung)

Kaum hatten wir nun, durch ein paar Handgriffe, unsre Gräberautos in Luftgräberschiffe umgewandelt, als oben im herrlichen frischen Himmel Fritz M...r sich erbot, uns Gespräche halten zu lassen. Er wies uns Proben – gar nicht übel! Jedoch die Brauchbarkeit des Himmels zur Diskretion vor unsern Lieben soll nicht beeinträchtigt werden. Gern, sagten wir ihm, wollten wir auf sie pfeifen, ungern zu ihnen reden. Entsetzlich schwer begriff dieses olle Sprachrohr seine völlige Überflüssigkeit. Es legte sich verstohlen an H. v. Kleist an, kam aber versehentlich an das vis-à-vis von dessen Mund, und v. Kl. entnahm einer seiner Anekdoten einen Äolus und ließ diesen.

(Fortsetzung folgt)

*

(Fortsetzung und Schluß)

Das Abgebrochne aber ist es, das so siegt. Wenn Sie jemals auf unserm ungewöhnlichen Wege in den Himmel kommen sollten: lassen Sie von dem an die Konsequenz. Nicht in ihr, nie in ihr, nur in Ihren Abgebrochenheiten ruht und schwelgt Ihr Himmel. Sie seufzen. Unterbrechen Sie Ihr Seufzen. Unterbrechen Sie die Gedanken und Stimmungen, die sich konsequenterweise daran knüpfen wollen! Essen Sie einen Pfirsich, stecken Sie seinen Kern ja in Ihren (bloß schon darauf wartenden) Blinddarm. Vergessen Sie nie, daß Sie *nur zur Zerstreuung* gesammelt sind! «Vergißmeinnicht» ist die schlimmste Blume, denn nur ihretwegen hat man das Grab erfunden, worauf sie blüht. –

Befürchten Sie nichts, Leserin! Wir wollen von etwas anderem reden. Kommen Sie doch bitte nach der Zeppelinstraße. So. Da sind wir schon. Sie sehen eine Ballonhalle? Recht! Wir gehen hinein, wir werden einen Aufstieg machen, innerhalb einer Stunde sämtliche Länder der Erde überfliegen – und doch in dieser Ballonhalle bleiben.

Sie wissen, man kann bereits auf ähnliche Weise zu Wasser und zu Lande reisen, in der Illusion, man säße in einem fahrenden Schiff oder Eisenbahnwagen; die gemalte Landschaft rollt draußen vor den Fenstern vorbei. Die Luftschiffahrt aber, die wir jetzt vorhaben, wird Sie durch die Restlosigkeit der Illusion entzücken. In diesem eigens zur exakten Vortäuschung von Luftreisen errichteten Kino hängt der Zuschauerraum hoch über der Schirmbühne. Sie kennen die Technik der sogenannten Hexenschaukeln: der Platz des Zuschauers ist stabil, der Raum aber um ihn herum beweglich, so daß der Plafond und der Fußboden beliebig miteinander verwechselt werden können, und der Zuschauer desorientiert und schwindlig wird. Nach diesem Beispiel sollten alle Räume zu Darstellungen eingerichtet sein; das beliebte horizontale Kino, in dem der Schirm sich vor dem Zuschauer befindet, ginge dann mit Leichtigkeit so zu verwandeln, daß der Zuschauer sich bald unter, bald über dem Schirm plaziert sähe; dadurch könnten die wunderbarsten Wirkungen hervorgebracht werden!

Hier nun treten wir ein wie in die Gondelgalerien eines Riesenluftschiffs. Diese Gondelgalerien sind an der Decke eines Saales befestigt, und diese Decke ist dem Bauch eines Ballons nachgebildet. Von diesem Ballongewölbe hängt, an Tauwerk und Schnüren, das Parallel-Ring-System aus vier Galerien herab, auf dem Sitzplätze so angebracht sind, daß die Zuschauer über beide Brüstungen nach unten sehen können. Die innerste Galerie hat nur eine Brüstung nach außen hin; ihr Kreisrund ist nach innen hin durch einen Fußboden ausgefüllt; unter diesem befindet sich die Zelle des Technikers mit dem Projektionsapparat, dessen Aufnahmen bei Gelegenheit wirklicher Luftschiffahrten angefertigt worden sind. Beiläufig bemerkt, hört sich das Geräusch dieses Apparates wie das Surren der Schraube eines Luftschiffs an und dient also zur Erhöhung der Illusion.

In senkrechter Tiefe unter diesen Galerien liegt die Bühne wie in einem Abgrund. Würde man einen Schlafenden auf eine dieser Galerien bringen und ihn dort aufwecken; sähe er dann über sich das Tauwerk und den Ballon, hörte er das Surren wie von einer Schraube und überzeugte sich beim Blicken in die Tiefe, daß unten etwa London vorbeizöge – so würde er niemals auf die Vermutung einer Illusion geraten. Mit größter Leichtigkeit sind Abstieg und Aufstieg vorzuspiegeln: das zum Aufstieg gebrauchte Filmband wird umgekehrt abgerollt.

Gleich das erste Bild wirft Sie unentrinnbar in den Wahn, Sie schwebten über der Halle desselben Theaters, in dem Sie sitzen, aufwärts, und Sie sähen, aus der Vogelperspektive, die weitere und immer weitere Umgebung. Der Lauf beschleunigt sich, und eine Reihe immer fernerer Landschaften und Städte ziehn unter Ihren Augen vorüber. Sie überfliegen Gebirge, Meere, Ströme; unter Ihnen rollt die ganze Erde vorbei.

Das ist aber noch gar nichts gegen die ungeheuere Steigerung der Illusion durch den Umstand, daß der Apparat schließlich astronomische Objekte projiziert, und Sie sich wirklich unter die Sterne versetzt glauben können. Diese Aufnahmen sind künstlich, aber sehr raffiniert hergestellt. Ihre Reihe beginnt mit der Erhebung von der Erdkugel: Sie sehen z. B. unter sich das Meer mit einigem Inselland; es versinkt in die Tiefe und wird dabei zauberhaft plötzlich sphärisch, die Wölbung wird kleiner und kleiner – auf einmal liegt sie tief unter Ihnen als Erdkugel, und Sie sind im

Raum ohne Boden, bis Sie sich einer neuen Sternwelt, etwa dem Mond, dem Mars, wo nicht gar der Sonne nähern.

Wie? Sie sagen, es gäbe weder die Zeppelinstraße noch so ein Kino? Sie irren sich! Die Kino-Unternehmer sind noch lange nicht so dumm, eine solche Gründung zu unterlassen. Und übrigens, argwöhnen Sie vielmehr, die gesamte Welt wäre bereits ein so vertikales Gewerbe – aber nicht bloß optisch, sondern plastisch bis in alle Sinne hinein. Adieu! – – –

(«O meine Brüder, es ist viel Weisheit darin, daß viel Kot in der Welt ist!»)

Also sprach Zarathustra. –

Bin Mistkehrer, liebes Fräulein, gnädige Dame. Ich heiße Tobias.

Was kaun Sie denn da?

Eine Backpflaume, liebe Dame.

Ach was lieb von Ihrem Frauchen! Es gibt Ihnen Backpflaumchen mit auf Ihren mühseligen Weg?

Was?

(Die Dame wiederholt es ihm.)

Nein, meine gute Dame, ich habe gar kein Frauchen, ich –. Es ist auch nur *eine* Backpflaume.

Ih, wirklich? Aber Sie kaun doch so lange!

Ja, ich spucke den Dreck weg, es klebt noch'ne Menge dran.

Ja, was denn?

Na, ich brauche doch den Mist nicht mitzuessen?

Aber Sie werden doch nicht etwa! Herrjeses!

Was? Mir eine rauslangen aus'm Mist – wo werde ich denn nicht? Will doch auch mal naschen. Ach Gott, gute Frau, Sie erbrechen sich ja, machen mir Arbeit; ich hatte den Posten schon intus gehoben. Sich haben Sie auch beschmiert? Warum?

Ja, aber lieber Mann, das geht doch nicht. Wie kann Ihnen das denn schmecken?

Es mundet mir recht gut. Besser als Kautoback.

Sind Sie denn so hungrig? Kommen Sie mit mir dinieren, ich meine Mittag essen.

Sind Sie freundlich, meine Dame. Muß aber jetzt noch Mist fahren. Ich bin gar nicht hungrig.

Also nicht einmal der Hunger entschuldigt Sie? Ohne Bedürfnis essen Sie aus dem Kehricht!

Ich sage Ihnen doch, daß ich *naschen* will. Ich mache mir Kontiterie. Ich letze mir den Jaum. Das liebe ich.

Na pfui auch, aus dem Mist, wohl gar Kot!

Ja, Madamchen, es ist allens Sonne. Glauben Sie vielleicht, mein Magen ist so umdreherisch wie Ihrer?

Was meinen Sie mit Sonne?

Mir hat einer vom Direktorium mal gesagt, es ist Allens Sonne. Is'n Perfesser, grünes Halsetuch, goldene Brille und so'n Buchstabiergesichte. Alles is Sonne. Wovor wolln Sie sich ekeln.

Sind Sie denn gar nicht ekel? Es gibt doch gewiß Dinge, vor denen auch Sie sich sehr ekeln würden.

Ich ekle mir nie, besonders wenn es zum Naschen ist. Ich ekle mir provinziell nicht.

Sie meinen prinzipiell. Sie naschen also öfter so?

Tagtäglich; mit Vorliebe Backpflaumen, die befördern...

... Schon gut, mein Lieber. Bekommt es Ihnen denn?

Wenn ich dran denke, daß Alles Sonne is, mächtig, liebe gnädige Dame. Kriege ich'n kleinen Aufstoßer, wie eben jetzt, tschuljen Sie man, brauch' ich nur zu denken, es is ja Sonne, dann schlägt der Majen keine Welle mehr. Neilich hatt' ich Fruchteis gefunden, schade, schon halb zermatscht, aber es war doch was. Jeden Tag 'ne Backpflaume, ist das Beste.

Man sollte Ihnen das verbieten, Sie schädigen Ihre Gesundheit, es ist auch ekelhaft, skandalös. Der Herr von Ihrem Direktorium hat das sicherlich nicht so gemeint.

Madamchen, der hat mir essen sehen, und da hat er gelacht, und ich sagte ihm, was er mir gelehrt hatte: es is Allens Sonne. Da lachte er noch mehr. Sehn Se, de Sonne hat das Pfläumchen gemacht und den Mist. Die janze Erde ist ein Sonnenmisthaufen. Glauben Sie mir, es schmeckt. Was nutzt mich die Vornehmheit, wenn ich mir ekle? Je vornehmiger, desto ekliger. Zuletzt kannste nichts mehr in'n Schnabel stecken. Des bißchen Jestank! Da is wieder eine mang. (Er kaut).

(Die Dame erbricht sich.)

Na, da gehn Se doch lieber aus de Promenade! Vor Ihrem Ekel ekle *ich* mir, da bin *ich* der Vornehmige.

(Die Dame entfernt sich.)

Sie sind auch nur Jedärm hinten und Jedärm vorne. Adam war ganz aus Mist. Die Sonne hat Ihnen ausgekotzt. (Er schluckt die Backpflaume hinunter.) Menschen auf Erden wie Dreckspatzen auf'm Pferdeappel. Des is 'ne reljöse Handlung, was ich mache; der Herr, der Direktor und ich, wir nehmen immerfort Sonne auf die Zunge und in'n Bauch. Wir sind Sonnanbeter mit Leib und Seele. Weeß se nich, die olle Zieje. Des wolln jebuldete Leute sin! Ekeln sich. Wenn ick nur so rein wie die Sonne bin. So rein is Alles. Dem Einen seine reine Backpflaume, wenn er'n Unflat is, is dreckger als dem Andern seine dreckge, wenn er wie Tobias und der Herr aus'm Direktorium is. Exkermente, sagen se, Fäkalchen. Die wissen nischt von Sonne, und wie des Allens nach Sonne schmeckt. Dreckfresser jejen Sonnenfresser. Nun jeht se ab. Dinieren, sagt se; det wird wohl dünnieren sind. Ich lasse mir nischt verekeln. Am wenigsten die Backpflaume. Da liegt wieder eine! Geschmack ham solche Leute, pikfeinen. Ham nur nich den Sonnengeschmack. Des is jut! Bleibt Tobias mit der Backpflaume alleine – na, höchstens noch der Herr aus'm Direktorium. –

Wie töricht, es für Zufall zu halten, daß Blumen das Gemüt anziehen, fesseln, gleichsam magnetisieren. Man muß gefühllos sein, um den sympathetischen Strom nicht zu spüren, der z. B. von einer schönen, voll erblühten Rose ausgeht. Und dabei wäre die Rose selbst unbeteiligt? Verlasse man sich doch nicht so aberwitzig fest auf die willenlose Unbewußtheit der Pflanzen, da man doch sieht, wie charakteristisch sie uns in jedem einzelnen Falle bestimmt beeinflussen können. Dieser Einfluß hält sich meistens, ich möchte sagen, in den Schranken des Anstandes; zuweilen aber kann er außerordentlich weitgehen. Es ist nur von tollkühnen Hypothesenmachern zu zweifeln, daß Pflanzen (kennt man doch sogar fleischfressende) auf Tiere und Menschen geradezu suggestiv einwirken können. Überhaupt ist diese wie mit der Schere geschnittene Abtrennung der Wesen das Werk gelehrter Pedanten, die nicht wissen, daß sie gegen den Zusammenhang der Natur sündigen, wenn sie trennen, ohne gehörig wieder zu verbinden. – Eine rosa Rose nickte weit hervor aus dem vollen Gebüsch, an dessen Rande mittags im Garten nur lose gewandet das junge Mädchen schlief. Diese Rose war mit Zauberaugen sehnsüchtig auf das junge Mädchen gerichtet. Wie von geheimer Absicht geleitet, flatterte eines ihrer lichten Blätter auf die linke Brust des Mädchens. Dieses fuhr mit der Hand nach dem Herzen, schlug die Lider auf, und Auge in Auge starrten sich das Pflanzengeschöpf und das junge Weib. Die stumme Faszination, welche von der Rose ausging, brachte das Mädchen tief in deren Bann. Man hört von Schlangen, welche den Vogel durch solche Bezauberung in ihren Rachen locken. Die Rose schien irrsinnige Kräfte anzustrengen. Das Mädchen, vom Anblick der Rose gegen seinen Willen betäubt und zum Halbschlaf gezwungen, sah, noch ehe seine Augen sich wieder schlossen, die Rose auf ihrem Stengel schwanken und sich tief niedersenken. Es träumte einen Liebestraum. Die Rose verwandelte sich in einen schönen Jüngling, und dieser umschlang und genoß das ganz hingegebene Mädchen. Es erwachte nach einer Weile wie berauscht mit der Empfindung eines dunklen Wissens in den Gliedern. Der Mund brannte ihm von seltsamer Glut. Sein Schoß war mit Rosenblättern überschüttet, die Kleidung derangiert. Unwillkürlich sah es nach der Rose hin, aber es wiegte sich nur deren Stengel im Winde; die Rose schien spurlos abgefallen. –

Einige Wochen später fühlte sich das Mädchen von sonderbaren Gefühlen und leiblichen Affektionen befallen. Der Arzt schüttelte den Kopf; er beschloß abzuwarten und verriet seine Diagnose noch nicht: «Sie neigen zu Schwindel und Erbrechen, Gnädigste; Sie empfinden gewisse Spannungen. Vielleicht sagen Sie mir aufrichtig: unterhalten Sie ein Liebesverhältnis?» Dieser Arzt wurde nicht mehr konsultiert. Indessen mehrten sich die Anzeichen eines abnormen Befindens. Man befragte nach einigen Wochen einen andern Arzt, und dieser erklärte mit Bestimmtheit sogenannte interessante Umstände. Als das Mädchen voller Empörung aufflammte, kalkulierte er: Hysterie. Jedenfalls schien eine wahre Schwangerschaft regelrecht eingeleitet, und nach und nach traten deren Phasen so unverkennbar ein, daß das Mädchen selber sich nicht mehr weigern konnte, dies anzuerkennen. Es half ihr nichts – eines Tages mußte die Wehemutter geholt werden.

Geboren wurde – niemand war so überrascht wie die junge Mutter – ein kleines Mädchen von wunderbarstem Liebreiz, welches immer herrlicher erblühte. Die Kleine ähnelte ihrer Mutter, nur daß sie ätherischer, engelhafter erschien. Ihre Haut war von durchsichtig zartem Rosa, die Augen traumhaft grünlich; leichtes Muttermal in Form eines Rosenblattes; die Haare schimmerten silbern. Ihr Gang glich einem Schweben ohne alle Bewegung der Glieder, einer gleitenden Rose. Aber sie blieb stumm, obgleich sie alles verständig in sich aufzunehmen schien. Sie schwieg intelligent und anscheinend aus Überlegenheit, keineswegs stupide. Man brachte ihr alle Kenntnisse leicht bei; sie äußerte sich auch schriftlich niemals über ihr Innenleben. Besonders aber in der Blumenmalerei brachte sie es zu erheblicher Fertigkeit, ja zur meisterhaften Kunst; mit Vorliebe zeichnete sie voll erblühte Rosen. Unter eine Rose, bei deren Anblick ihre Mutter tief erschrak, schrieb sie, man weiß nicht warum, das Wort «Vater!» Die Mutter, kalt angewandelt und durchschauert, forschte vergebens nach der Auflösung des Rätsels.

Die Pubertät des Kindes ergab jedoch eine Katastrophe; glücklicherweise gelang es der Mutter, ihrer Fassung Herr zu bleiben und ein undurchdringliches Geheimnis zu bewahren. Eines Abends, als die Mutter mit der Kleinen zur Nacht betete, verwandelten sich deren gefaltete Händchen allmählich in grüne Zweige, die übrigen Glieder, der ganze Leib schrumpfte zu einer Blattpflanze ein, zu einem unvergleichlich schönen, süß duftenden Rosenbusche, der starr auf den Kissen lag und die entsetzte Mutter, welche sofort um Hilfe schreien wollte, durch seinen bloßen Anblick in lethargischen Bann schnürte. Nach einer Viertelstunde unmenschlicher Bangigkeit sah die Mutter, wie sich die Pflanze wieder in das Mädchen zurückverwandelte. Das Mädchen schrieb auf seine Tafel: «Der Tribut, welchen ich dem Vater zolle – von jetzt an stets kurze Zeit vor dem Einschlafen!!!» – Die Mutter gelobte dem flehenden Kinde Diskretion. «Aber welchem Vater?!» fragte sie vergeblich. Das Kind blieb stumm. Niemand erfuhr von dieser allmählich eintretenden flüchtigen Metamorphose, deren Wunderbares man übrigens nicht übertreiben sollte. Pflanzen und Tiere sind ja in gewisser Beziehung physiologische Umkehrungen voneinander. So groß ist die Macht der Gewohnheit, daß die Mutter sich schließlich gewundert hätte, wenn die mysteriöse Umwandlung einmal ausgefallen wäre. –

Das Töchterchen war inzwischen zu einer so seraphisch

anmutsvollen Jungfrau herangereift, daß, trotz der angeborenen Stummheit, ihre Hand vielfach begehrt wurde. Die Jungfrau wies einen Freier nach dem andern unberührten Herzens ab. Endlich kam der Richtige, der ihr Jawort empfing. Er hieß Dr. Floris Rosenberger, hatte ein etwas düsteres, brutales Aussehen und war Anatom. Die Mutter willigte in seinen Antrag. Bald nach der Verlobung wurde der Termin zur Hochzeit angesetzt. Kurz vor der Trauung nahm die Mutter den Doktor beiseite: «Sie versprechen mir, Ihre junge Frau nicht eher aufzusuchen, als bis sie zur Nacht gebetet hat. Befolgen Sie diese meine dringende Bitte, mein lieber Schwiegersohn, heute, ohne daß ich Ihnen Näheres sage. Ich werde Ihnen morgen jede Aufklärung geben.» Floris gelobte ihr das in die Hand. Aus Ängstlichkeit hatte die Mutter das Geheimnis zu lange bewahrt, sie hätte den künftigen Gatten des Mädchens längst einweihen sollen. Sie war aber auch ängstlich, die Liebe der Tochter einer etwaigen Enttäuschung auszusetzen. Von einer leise kupplerischen Überrumpelung ist sie leider nicht freizusprechen. Sie verschwieg ein Gebrechen zwar nicht, immerhin aber eine höchst paradoxe Qualität der Braut, welche vielleicht Herrn Dr. Rosenberger abgeschreckt haben würde. Nun, sie ist überschwer dafür bestraft worden. –

Der Bräutigam war, abgesehen von seiner Verliebtheit, ein sehr nüchterner Herr. Wie die Männer gewöhnlich, hatte er nur eine dumpfe Ahnung von der Sphinx-, der Undinen- und Melusinennatur des Weibes. Ihn verlangte nach einer ein wenig poetischen Würze seines hausbackenen Anatomendaseins; er hätte sich aber höflich dafür bedankt, mit einer wunderschönen Pflanze auch nur auf fünf Minuten verheiratet zu sein. Den Worten der Schwiegermutter entnahm er lächelnd den Schluß auf etwas Frömmelei bei seiner Frau; er traute sich heiter zu, ihr diese abzugewöhnen. Wie wäre es, wenn er heute abend sofort eingriffe! Natürlich, er hatte sein Wort gegeben – aber nach einer kurzen Anstandsfrist würde er rasch das Terrain erobern. Mit welchem Entzücken geleitete er seine Braut an die Tür des gemeinsamen Schlafzimmers. Nach langem Kuß drückte er ihr die Hand: «Meine Geliebte», sagte er, «ich weiß, du betest erst noch gern für dich allein – ich warte.» Er wartete, die aufgeklappte Uhr in der Hand, einige Minuten und drückte dann auf die Klinke. Als er die Tür verriegelt fand, lächelte er schalkhaft; ein ihm bekannter Kunstgriff öffnete die Tür von außen; diese Maßregel, welche sich bei seinen Liaisons bewährt hatte, war auch hier getroffen worden.

Das Zimmer hatte keinen andern Ausgang, dennoch war es zu seiner Befremdung leer. Die abgelegten Kleider seiner Frau bemerkte er auf einem Polster. Er rief, suchte, räumte hin und her, schob an den Möbeln, warf sich unters Bett, wurde wie toll vor Eifer und erklärlichen Gefühlen. Da er einen Rosenbusch im Ehebette liegen sah, lachte er ärgerlich auf: «Blumen im Schlafzimmer, und gleich so ein Büschel. Ungesund!» In irgendeiner bangen Ahnung rannte er mit dem Rosenbusch auf den Balkon und beugte sich über das Geländer – gottlob: es war nichts, sie spielte nur Versteckens. Schelmin! Er lächelte wieder. Unten sah er die frisch engagierte Zofe seiner Frau, Emma. «Emma», rief er. «Gnädiger Herr?» «Fangen Sie mal auf! Holla! Tun Sie's in eine hübsche Vase! Morgen zum Frühstück.» Damit schleuderte er den Rosenbusch nach unten. Tragischerweise vollzog sich mitten in der Luft die Metamorphose – auf dem Pflaster lag nackt ein zerschmettertes Weib.

Die Zofe schrie entsetzlich auf. Der Unglückliche rannte spornstreichs wie im Wahnsinn zu seiner Schwiegermutter. Zu gleicher Zeit alarmierte man, auf die Schreie der Zofe herbeigeeilt, die Polizei. Von seiten dieser war, laut der genauen Bezeugung Emmas, nicht zu bezweifeln, daß Dr. Rosenberger seine Frau über das Balkongitter geschleudert hatte. Frivolerweise scherzte er noch grausam: «Zum Frühstück in eine Vase!» Die eigene Mutter hingegen nahm den Mörder in Schutz, stammelte aber zu dessen Verteidigung so abstruses Zeug, daß es verwunderlich war, einen wissenschaftlich gebildeten Mann wie Herrn Dr. Rosenberger sich sehr heftig darauf berufen zu hören. Ja, meinte er, die Mutter berichte die Wahrheit: seine Frau wäre, ohne sein Wissen, ein Rosenbusch gewesen; in einen solchen hatte sie sich, wie ihre Mutter bezeugte, vor dem Einschlafen auf kurze Zeit verwandelt. –

Selbstverständlich brachte man die Mutter und den Mörder ins Irrenhaus. – Professor Schölze äußerte geistvoll dem Berichterstatter der E. S. E. L. gegenüber: Umgedrehte Lucia von Lammermoor. Brautnächte mit solchen Ermordungen seien typisch in gewissen Formen der Hysterie. – Die Obduktion der Leiche ergab übrigens einen Befund, welcher noch der Aufklärung bedarf. Man fand nämlich in der Tat einige Durchwachsungen mit Pflanzenstrünken und Ansätze wie zu Blütenknospen. Dr. Rosenberger ist Anatom – sollte er die Grausamkeit besessen haben, bevor er die unglückliche Frau vom Balkon warf, bestialische Experimente mit ihr anzustellen? Wird man es jemals erfahren? –

Ein reizendes Kind wurde geboren und entwickelte sich auch weiterhin normal, zur Genugtuung aller seiner Angehörigen. Aber auch hier gab es, wie gewöhnlich, einen Haken; dieser Haken war die Nase. Nasen, nicht wahr, haben schon an und für sich unleugbar etwas Komisches – sie wirken doppelt komisch, wenn sie verunglücken: wenn die Hand der Natur hier schief ausrutschte oder sonstwie fehlging. Dieser Trichter mit der Doppelöffnung nach unten, kleine Pyramiden auf löcheriger Basis hat gewiß ein mächtiger Humorist ersonnen, ein sehr witziger Mathematiker. Welcher groteske Einfall, mitten ins schöne Gesicht einen solchen Schnauber zu setzen! Der Brille wegen? – Sei jedenfalls daran erinnert, daß man seine Nase rümpfen kann; und hierin lag die Tragik im Leben des obengenannten Kindes.

Der Grad der Rümpfbarkeit der Nase des Kindes Richard Pfujek übertraf jede Phantasievorstellung. Es hob die Köchin förmlich hoch, als sie es zum ersten Mal bemerkte. Gewiß! Es gibt sprechende Augen, einen sprechenden Gesichtsausdruck im allgemeinen; vielleicht gibt es sogar sprechende Hände, Rücken, Gesten. Als mimischen Brennpunkt sich aber die Nase zu denken: zu denken, daß das Kind – nicht etwa durch die Nase – sondern mit ihr sprach; eine Nase hatte, deren Anblick, wenn es sie rümpfte, wie eine stumme, aber deutlich wahrnehmbare – man kann es nicht anders nennen... Zote wirkte, während doch der kleine Pfujek die Unschuld selber war! Das ist eine Schlinge deines Lebenspfades, mein lieber Richard, welche sich in einen verhängnisvollen Knoten zusammenziehen muß.

Die Kinderjahre bis zum Eintritt in die Schule verliefen dem Richard so gut wie harmlos. Abgesehen davon, daß ab und zu eine Tante, ein Oheim oder gar Vater oder Mutter selbst zusammenschraken, wenn der Kleine sie mit seiner Nase gleichsam anschielte – ja, vielleicht ist das noch der treffendste Ausdruck, um eine anschauliche Vorstellung zu geben. Richard schielte mit den Nasenlöchern überquer, so daß man sich auf eine sonderbare Weise... in Nasenschein genommen, sich durchrochen fühlte, und zwar eben in einer peinlichen und nicht sehr reinlichen Weise. Ein anmutiger Backfisch wurde einmal, als der kaum Sechsjährige ihn derart... annaste, purpurrot. Onkel Balduin machte vorsichtig auf Verschönerungsmöglichkeiten aufmerksam, ärgerte aber die Mutter damit nicht wenig. «Tut es lieber beizeiten!» warnte er, «besser wird es nicht, aber schlimmer, es ist ein ausgesprochen spitzbübischer Zinken.» Man brach den Umgang mit diesem allzu aufrichtigen Manne ab, vielleicht gerade deshalb, weil man ihm im stillen recht geben mußte. Seinem Rate zu folgen, entschloß man sich nicht. Hält man doch jede angeborene Anomalie für normaler, als eine künstlich herbeigeführte Norm des Aussehens.

Richard kam zur Schule, und als er seine Nase zum ersten Mal ihre tragikomische Rolle spielen ließ, nannte man ihn, der Einfachheit wegen, Riechard. Im Lehrerkollegium geschah nicht geringe Heiterkeit über diesen Spitznamen. «Der Kleine», sagte Direktor Poffeck, «hat aber auch eine wirklich polizeiwidrige Nase!» Nichtsdestoweniger hatte das bis zur Konfirmation des Schülers nicht viel zu bedeuten. Man gewöhnt sich an noch so abnorm aussehende Kinder. Unschuld legitimiert schließlich das fratzenhafteste Gesichtlein. In dem Maße jedoch, in welchem das Wissen um die Gesichtszüge an die Stelle der kindlichen Unschuld tritt, wird man für das eigene Aussehen immer mehr verantwortlich gemacht. Und so mußte, durch die Pubertät, der Augenblick kommen, in dem Richarden die zynische Mimik seiner Nase sittlich zugerechnet wurde. Das geschah bereits während des Konfirmandenunterrichtes bei Pastor Schämel: «Pfui, Pfujek! Was machst du mit deiner Nase? Übe dir gefälligst mal vorm Spiegel ne hochanständige Nase ein, bevor Du hier zur Religionsstunde kommst!» Von diesem Moment an begannen für Richarden die Qualen des radikalen Verkanntwerdens. Die Unschuld seiner Nase, ob auch nicht seiner Seele, war dahin. Aber dahin war auch die Unwissenheit seiner Seele um diese ihre zynische Maskierung. Das stereotype Erlebnis, dem er begegnete, war die Verwechslung seines Gesichtsausdrucks mit seinem Innern. Als der Jüngling einst in der Dämmerung durch die Straßen ging und zufällig ein Mädchen genauer anblickte, geriet dieses in eine höllische Begeisterung und legte auf ihn Beschlag, indem es den sich höflich Sträubenden energisch mit sich zog. Auf diese Weise wurde er, gegen seinen Willen, immer wieder verführt; nur die bare Schamlosigkeit seiner Nase, keineswegs sein eigener Wille, war daran schuld. Es ging soweit, daß er zu Fremden kein harmloses Wort mehr sprechen konnte. Sobald er z. B. einen Schutzmann auch nur ansah, wollte der ihn sofort notieren. Oder er fragte irgendwen nach der Wegrichtung, und der antwortete in listigem Einverständnis: «Gleich hier um die Ecke – das mit der roten Laterne – sehr hübsche Dinger drin». Es stimmt aber leider nicht, daß der Mensch so aussieht, wie er ist. Ja, Richards Fall beweist gerade das Gegenteil; er kann so werden, wie er aussieht. Allmählich wurde Richard es müde, der Nase und der durch sie fortwährend hervorgerufenen Verkennung Widerstand zu leisten. In einer Art trotziger Verbissenheit lebte er sein Wesen in die Rolle hinein, welche ihm von seiner Nase vorgeschrieben war. Er lebte dieser lüderlichen Nase nach. Und sonderbarerweise fand alle Welt das in der Ordnung. Er stand sich besser mit den Menschen als vorher, da er ihnen als Heuchler gegolten hatte, weil seine Seele nichts von seiner Nase zu wissen schien. Er war zum Ludrian abgestempelt; fast auch für sich selber. Nur noch im geheimsten Winkel seines Innern fühlte er sich von der Gefolgschaft losgesprochen, die er seiner Nase zu leisten hatte, wenn er nicht alle Welt gegen sich aufbringen wollte. – Als er jedoch in seinem 37. Lebensjahre starb, gewann er die Kraft, seinem Antlitz und sogar auch der bis dahin so widerspenstigen Nase die hehrsten, majestätischsten Linien zu geben; es erregte allgemeine Verwunderung und war erklärlich genug: Unschuld liebt so oft das lüderlichste Inkognito.

Der Adjutant des Fürsten Hurralski ritt durch eine mondlose, feuchtkühle Nacht über Land, um dem Rittergutsbesitzer Kammerherrn Grafen von Schweinewitz einen Auftrag zu überbringen. Der Adjutant liebte derartige Nachtritte, in denen er sich Abenteurer fühlen konnte: – gehörte er doch zu jenen geistreichen Leuten, denen die Welt erst um die Geisterstunde herum interessant und unheimlich wird. Wir anderen freilich sind ordinär genug, sie unter allen Umständen recht sonderbar zu finden.

Der Adjutant ritt auf einer Chaussee, welche tagsüber prosaisch erschien, jetzt aber, gesäumt von hohen, rauschenden, in der Finsternis nur hörbaren Bäumen, gespenstisch wirkte. Der wackere Rappe des Adjutanten verriet eine den Reiter angenehm bänglich prickelnde Nervosität. Plötzlich wurde das Tier stät und stutzig und setzte kein Bein mehr vorwärts. «Allons, Hebe!» ermunterte der Adjutant und klopfte den Hals des zitternden Geschöpfs, erreichte aber nichts als ein Zurücksträuben. Die Zügel über den Arm nehmend, sprang er ab und griff nach seinem Revolver. Es regte sich aber nichts. Das widerstrebende Roß am Zügel zerrend, tat er einige Schritte vorwärts, und vor ihm geisterte eine riesenhohe bleiche Gestalt. Ihre Konturen schwankten im Winde; sie breitete ihre Arme weit aus, als ob sie das Pferd umfangen wollte. Das hatte nun der Adjutant davon! Er kalkulierte blitzschnell, daß er vor einer Unerklärlichkeit stehe, und kriegte arges Herzklopfen. Endlich lockerte er den Degen, zog blank und vollführte einen raschen Streich nach jenem flattrigen Gebilde. Der Degen fuhr mit einem Geräusch wie von zerreißendem Linnen durch den Spuk, und dieser schien noch wilder zu werden, indem er im Winde noch drohender flatterte.

Der Adjutant band sein Roß mit dem Zügel an einen Baum, holte aus einer seiner Taschen eine kleine Laterne hervor und ließ deren Lichtkegel aufflammen: Hilf Gott, Herr Adjutant! Es war nichts als ein hoher Wegweiser, aber allerdings, mit den Ärmeln über dessen in einem vorgeneigten Winkel schräg ausgestreckte Arme war ein weißes Gewand gezogen. Der Adjutant untersuchte: – ein Nachthemd? – Der Fund reizte seine Neugier; er untersuchte. Nach mancherlei Sprüngen und Klimmzügen hielt er die weiße Hülle, ein wenig zerfetzt zwar, in seinen Händen. Im Schein der Laterne erwies sich der weiße Zauber als ein Damennachthemd aus feinstem Linnen, mit auserlesenen Spitzen garniert. Aber halt! hier las man ein Monogramm: Th. v. H. Das Hemd machte einen reinen, frischgewaschenen Eindruck; ja, es duftete nach einem Parfüm – wo hatte der Adjutant... eine vage Erinnerung... das schon einmal gerochen? Er konnte sich nicht besinnen. Unwillkürlich kam er sich mit dem Damenhemde in der Faust lächerlich vor. Er geriet auf närrische Einfälle; stellte sich vor, wie es wäre, wenn er als Gespenst in den Gutshof sprengte. Der Laune nachgebend, zog er das Linnen über seine Uniform, schwang sich wieder aufs Roß und ritt in tollem Gelächter davon.

Allein, die sonst so sanfte Hebe spürte nicht so bald den weißen Reiter, als sie aus leichtem Galopp in rasende Karriere verfiel, welches, da der Adjutant ein sehr sattelfester Herr war, nur wegen der Dunkelheit zum Unheil ausschlug. Der Reiter mußte sich schließlich, da unter solchen Umständen die Zügelung des Rosses unmöglich geworden war, mit Willen auf gut Glück abwerfen lassen. Der Reiter ließ Zügel und Steigbügel zugleich fahren, gab sich einen Schwung nach hinten, sauste aber leider schräg mit dem Hinterkopf gegen eine den Weg überkrallende Baumwurzel und blieb regungslos liegen. Das Roß dagegen schnellte mit verdoppelter Kraft nach vorwärts, geradeaus, bis es mit weißschäumendem Gebiß vor einem herrschaftlich Schweinewitzschen Stallburschen jählings zum Stoppen kam, der ihm auch sofort in den Zaum griff. Im elektrisch erleuchteten Stall riefen fünf Bedienstete zugleich: «Hebe!»

«Der Adjutant muß verunglückt sein», sagte der erschrokkene erste Kutscher; «Kinder, nehmt eure Laternen. Stellt Hebe unter; die ist jetzt verdonnert.» Er pfiff ein paar Hunden, die freudig losklafften. Eine Leiter befahl er zur Trag bahre herzurichten; man umwand sie mit weichen Decken. Nach einer guten Stunde emsigen Suchens stieß man auf eine weiße Gestalt, welche wie tot am Boden lag. «Hergott», sagte der erste Kutscher, «Leute, das ist der Adjutant – aber wieso hat er denn ein Nachthemd über?» «Das ist ja ein Fräuleinshemd», wunderten sich die Leute. Wenn es ihnen nicht unheimlich vorgekommen wäre, hätten sie gern gekichert. Sie unterdrückten ihren Lachkitzel, luden den Leutnant, ohne ihm das Hemd auszuziehen, auf die Leiter und wanderten mit der bleichen Last nach dem Schloßgut Schweinewitz.

Der Morgen graute, als sie dort anlangten. Der Kammerdiener des Grafen wurde geweckt und angehalten, das gewohnte Quartier für den Adjutanten herzurichten. Bei dieser Gelegenheit befremdete ihn der Anblick des Damennachthemdes, in dem der Adjutant geblieben war, nicht wenig. Man überzeugte sich aber, daß der Scheintote keinerlei äußere Verletzungen erlitten hatte und in einer dem Anscheine nach gesunden Ohnmacht dalag. Ein Bursche wurde zum nächsten Landarzte gesandt.

Als dieser anlangte, fand er die gräfliche Familie, die Eltern und zwei allerliebste jungfräuliche Komtessen, bereits um den Frühstückstisch versammelt und in eifriger Debatte über den Unfall des Adjutanten begriffen. Den Komtessen hatte man das Nachthemd wohlweislich verschwiegen. Als nun aber der Graf sich mit dem Arzte ins Krankenzimmer begab, stürmten, ehe die Gräfin es verhindern konnte, die Töchter den langen Korridor entlang, hinter beiden her, und als sich die Tür einen Moment lang öffnete, gewahrten sie zu ihrer Überraschung den Adjutanten im Damenspitzenhemd lang ausgestreckt auf dem Bette liegend. Sie sahen sich rotwerdend an, schlichen in den Speisesaal zurück und nahmen gesenkter Häupter den mütterlichen Tusch in Empfang.

«Ach, maman», sagte Komtesse Netti, «denke dir! Bertie hat es auch gesehen, der Adjutant trägt ein Mädchennachthemd über der Uniform –!» «Ja», bestätigte Bertie, «au, Mama! fein, mit Spitzen.» «Ob er auch Mädchenstrumpfbänder anhat?» sann Netti holdselig nach und legte dabei ihren Zeigefinger unters Kinn. «Kinder», rief die Gräfin chokiert, «trollt euch in den Park, turnt, badet Luft, spielt Tennis! Ihr verderbt mir die Laune mit euren Frivolitäten – hinaus!» Sie selber aber wartete mit gespanntester Neugier die Lösung des Rätsels ab.

Da erschien ihr Kammerkätzchen und entfaltete vor ihrer Dame das Adjutanten-Damenhemd: «Der Herr Graf lassen Frau Gräfin bitten, das Monogramm zu beachten.» Die Gräfin nahm ihr Lorgnon und las: «Th. v. H.» Sie erstaunte maßlos: «Schon gut, Dorette; lege das hier hin», sie winkte ab; das Mädchen ging. «Monogramm mit Fürstenkrone?» überlegte die Gräfin – «Th. v. H.» – «Großer Gott! Thila v. Hurralski! Die Prinzessin! Wie kommt der Adjutant in das Nachthemd der Prinzessin? Man findet ihn darin ohnmächtig?? – Das ist unsagbar!!» Der Graf kam mit dem Arzte. Der Arzt empfahl sich devotest; er erachtete den Adjutanten als außer Gefahr: «Er wird sehr bald mit bestem Appetit erwachen; sonst fehlt ihm gar nichts.» Der Graf fragte die Gräfin: «Hein?» – Die Gräfin wies ihm das Monogramm: «Prinzessin Thila – kein Zweifel!» Der Graf ließ seine Augäpfel hervorspringen und blieb als stummes Fragezeichen vor der Gräfin stehen. «I cannot help it», sagte diese. «Weiß keinen Reim darauf.» Sie schellte: «Ein Paket machen, Dorette!» befahl sie, auf das Hemd hinzeigend. «Adresse, Frau Gräfin?» «Besorge ich.» Dorette eilte hinweg.

Der Adjutant erschien, schlug die Hacken vor Graf und Gräfin zusammen, küßte der Gräfin die Hand und schüttelte die des Grafen. «Ich verdanke Ihnen, meine Gnädigsten, nicht Geringeres als mein Leben!» «Trinken Sie einen Glühwein, mein Lieber», riet der Graf, «die Nacht war kühl und feucht.» Die Gräfin bereitete das Getränk im elektrischen Apparat und präsentierte es dem Adjutanten: «Man hat mir gesagt, Baron», lächelte sie malitiös, «daß Sie glücklicherweise warm eingewickelt gewesen seien – wer war denn so rührend um sie bemüht?» Jetzt erst erinnerte sich der junge Herr, und die glühende Röte, welche sich bis in seine Stirn zog, rührte nicht nur vom Glühgetränk her: «Gnädigste Gräfin, ein veritables Mysterium; für mich besonders!» «Ich wüßte nicht», sagte die Gräfin, etwas böse (sie verachtete dieses vermutliche Gemisch aus Diskretion und Theater); «was war es denn?» «Auf meine Ehre, Graf», beteuerte der Adjutant, «es ist mir so unfaßlich wie Ihnen!» Dann erzählte er offenherzig, wie er am Wegweiser zu dem Nachthemde gekommen war. «Was denken Sie?» fragte die Gräfin, «ist Ihnen das Monogramm aufgefallen?» «Ganz recht! Ja, ja!» Er suchte in seinem Gedächtnis; er hatte es ehrlich vergessen.

Im Kabinette des Grafen entledigte er sich des Auftrags, den ihm der Fürst erteilt hatte. Nach dem Diner verabschiedete er sich von der gräflichen Familie. Die Gräfin händigte ihm ein kleines Paket für Prinzeß Thila ein: «Zu eigenen Händen!» Den Kaffee nahm man, bevor der Adjutant wegritt, auf der Veranda und kroquettierte noch ein wenig im Park. Netti sagte: «Herr Leutnant, ich kenne eines Ihrer Geheimnisse: Weiß kleidet Sie so gut.» «Herr Leutnant», fragte Bertie mit unschuldiger Miene: «wie würden Ihnen Spitzen zu Gesicht stehen?» Der Adjutant war wie vernichtet. Er bestieg sein Pferd und sprengte davon. Am Sattelknopf hatte er das Paketchen befestigt. –

Nun erwartet man endlich die berühmte Aufklärung, die Lösung des geschürzten Knotens, die Erledigung der Anspannung, welche bereits der Titel enthielt. Aber schließlich ist der Autor ja auch nur ein Mensch, nur ein Leser, ein Ableser seiner Erfindungen. Ich gestehe, ich weiß hier keinen rechten Rat. Ich sehe hier nicht klar. Was ist denn nur geschehen? Fortsetzung und Schluß wäre doch, daß der Adjutant (oder Baron oder Leutnant) der Prinzessin das Paket übergibt, und diese, nachdem sie des Inhalts ansichtig geworden wäre, dem Adjutanten gegenüber unsicher werden würde. Sie darf ihn, schicklicherweise, nicht einmal fragen, ob er wüßte, was das Paket enthalten habe. Wahrscheinlich stürzt sie zur Gräfin. Aber diese moralinsaure Dame läßt sich verleugnen. Zwar Netti und Bertie kichern verstohlen mit Thila; der Graf aber scheucht sie garstig auf; er verabschiedet die Thila mit dürren Worten; ja er warnt den Fürsten schriftlich.

Der Fürst setzt ein ganzes Regiment Detektive in Bewegung. Der Wegweiser wird untersucht. Hebe kriegt einige Abführmittel; ihre Exkremente probiert der bekannte Gerichtschemiker Jeseriech. Am Spitzenhemde schnüffeln mehrere Spürhunde. Einer sagt: «Wau!» und schnappt nach dem Adjutanten. Der fällt selbstverständlich in Ungnade. «Aber wie wird mir denn!» seufzt er, fern von Madrid, «jetzt erinnere ich mich: ‹Th. v. H.› mit Fürstenkrone war mit silberner Seide ins Hemd gestickt!» Auf einmal siedet eine Liebe zu Thila in ihm auf. –

Aber wie? – Sollte Thila nicht selber –? Sie wußte doch, der Adjutant werde nachts des Weges kommen – und sie liebt ihn längst... ein zarter Wink mit dem Wegweiser als Zaunpfahl!!! –

Oder eine ganz andere Kombination: Thilas intrigante Kammerzofe hat ihre freche Hand im Spiel. Sie bringt die Prinzessin durch das offiziell aufgehängte Hemd in aller Leute Munde? – Überhaupt könnte Thila nicht eine Art Messalina sein? – Herrlich! Und ein Bauernbursch oder Lakai, mit dem sie es hielt, und dem sie kurzerhand den Laufpaß gibt, rächt sich auf jene drastische Weise. –

Warum, frage ich, läßt denn der Leser den Autor allein die volle Verantwortung tragen? Er übernehme gütigst die halbe und hier also die Aufhellung des finstern Problems!

Ein Problem auch nur aufzuwerfen, bedeutet in der Philosophie eine gewaltigere Leistung, als es zu lösen: – warum nur in der Philosophie? Werde jeder Leser doch zum Löser! Der Autor biete prinzipiell nur Probleme. Das «Nachthemd am Wegweiser» braucht also durchaus nicht weniger problematisch zu sein als «Hamlet». Und eine Frage in der Hand ist immer noch kostbarer als die schönste Antwort auf dem Dache. Vielleicht badete Thila in der Nähe des Wegweisers? Ein Keckling findet ihre abgelegten Kleider und bugsiert das Hemd (aber warum Nachthemd? – sie schlich sich also nachts zum Bade?) – auf den Wegweiser??

Ich beneide die Leser nicht um diese schwierige Aufgabe! Aber wie kann man mir, einem armen alten klapperigen Remington-Schriftsteller, schwere Leistungen zumuten? – es wäre eine Schamlosigkeit, eine Ausnutzung! Geht mir ab! Das Nachthemd am Wegweiser wächst mir schon zum Halse hinaus! –

Warum sich meine Frau unmittelbar nach unsrer soeben vollzogenen Vermählung wieder von mir scheiden läßt, fragen Sie mich. Sie hat ihre abergläubischen Gründe.

Es ist lange her, daß ich noch an Zufälle glaubte. Ich schalte jeden Zufall aus meinem Leben aus. Gerade sogenannte Zufälle sind eben das Allerbedeutsamste, wenn man nicht erst auf Winke mit Zaunpfählen wartet. Versuchen Sie's doch: achten Sie mal auf das sprechende Benehmen aller «leblosen» Gegenstände, mit denen Sie vertraut sind! Es sind Orakel, welche nur Narren unbeachtet lassen. Ihre Streichholzschachtel fällt plötzlich merkwürdig hin, bleibt auf der Schmalseite stehen; Ihre Schere bohrt sich, fallend, mit der Spitze in die Diele und zittert von geheimnisvoller Spannung. Sie erwachen aus tiefem Schlafe und spüren, denn das «Leblose» lebt und meldet sich an, welcher Brief im Kasten liegt. Erschließen Sie sich den schwer zu öffnenden Sinn für die Bedeutsamkeit anscheinender Zufälle! Jeder Tag wird Ihnen dann mehrmals predigen, wie sehr der Zufall an Ihrem Schicksale absichtlichen Anteil nimmt. Schließlich beginnen Sie einzusehen, daß der Fensterladen, der Ihnen gegen die Schläfe fuhr; der Windstoß, der ihn bewegte; die Sonnenwärme, die das Wasser in Wolken umwandelt: daß das Universum, indem es Ihrer Schläfe jenen harten Kuß aufdrückte, ganz speziell Ihnen etwas ganz Bestimmtes sagen wollte. Ermüden Sie nicht in der Übung, solche stumme Telegramme immer richtiger verstehen zu lernen! Erinnern Sie sich: im selben Momente, in dem der Stoß gegen Ihre Schläfe geschah, fiel Ihnen Ihr alter Erbonkel Menzel ein. Fünf Minuten später erhalten Sie die Nachricht seines Todes und – Ihrer Enterbung. Es wäre ein Irrtum, so etwas für selten zu halten; es ist nicht nur häufig, sondern die Regel. Wer aber diese Regel nutzbringend an sich erfahren will, muß darauf achten: unser Wissen und

Wollen sind Koeffizienten des Geschickes, und zumal solcher An- und Vorzeichen. Und nicht nur das!

Ich übernehme mich nicht in der Behauptung, alles Üble läßt sich vermeiden, wenn man feine Sinne für dessen Voranmeldung ausbildet; vor allem aber dadurch, daß man nicht abergläubisch wird. Sie erstaunen? Offenbar mißverstehen wir uns. Aller Aberglaube ist Angstprodukt. Man sei nicht furchtsam, sondern voller Vertrauen auf die Welt und voller Selbstvertrauen; man basiere dieses Vertrauen nicht auf irgendwelche Garantien, sondern umgedreht sämtliche Garantien auf dieses unabhängig grundlose Vertrauen –: und alles Drohende wird bei der Annäherung in lauter Wohlgefallen aufgelöst werden. Ihr Onkel Menzel enterbte Sie – prüfen Sie Ihr Gemüt! –, weil Sie sich der Furcht (Hoffnung ist eine umgekehrte Furcht), er werde Sie enterben, nicht erwehren konnten. An dieser Ihrer Furcht nahm Ihre Umgebung, so auch der Fensterladen, innigsten Anteil... ergo! Die Brautmutter von Messina ängstigt sich vor dem Orakel und beschwört erst durch ihre Furchtsamkeit dessen Eintreffen herauf. Weder fürchten noch hoffen, sondern mit unabhängigem Vertrauen sicher gehen – ist die einzige Schutzmaßregel gegen alle drohenden Übel. Bemühen Sie sich ebenso kräftig, alle Zeichen wahrzunehmen, wie ihnen überlegen zu sein. Vor allem also, leugnen Sie sie nicht mehr! Die echte Aufklärung von allem Aberglauben besteht nicht darin, dessen Zeichen und Wunder zu verachten; sondern darin, die fürchtend-hoffende sklavische Abhängigkeit zu verachten, in welche das Gemüt durch diese Zeichen so leicht gerät. Überwinden Sie also den Aberglauben wirklich durch Freiheit von Furcht und nicht durch die Leugnung anmeldender Zeichen.

Von Millionen Beispielen dafür, daß es diese Zeichen gibt, nenne ich nur noch zwei frappante. 1915 zog ich «zufällig» ein Heft aus meinem Bücherschrank, worin sich ein Porträt Mesmers befand. Eine Sekunde später überzeugte ich mich nach dem Kalender, daß ausgerechnet sein hundertster Todestag war. Eine weitere Sekunde später klingelt es an meiner Haustür: eine alte Frau verkauft mir ein Schächtelchen Stiefelwichse, welches sonderbarerweise die Marke «Gottliebin» trug –: Mesmer aber starb zu *Gottlieben* (in Mähren) ... voilà! – Ein zweites Beispiel: Ich bin seit meiner Geburt leidenschaftlicher Polarist. 1916 morgens gegen acht Uhr lese ich Bahnsens Einleitung zur Realdialektik. Während ich lese, höre ich eine Postsache dumpf durch den Briefkastenschlitz fallen. Ich finde ein kleines Bücherpaket, abgesandt von L. Fernau, Leipzig. Der Name macht mich stutzig – kurz vorher hatte ich ihn ebenfalls gelesen – aber wo?... Mechanisch sehe ich auf den Umschlag des Bahnsenschen Werkes und lese: L. Fernau, Leipzig, 1882. Aber damit noch nicht genug! Ich löse das Bücherpaket aus der Umhüllung. Diese ist bedrucktes Papier, es enthält nichts anderes als eben Bahnsens Einleitung zur Realdialektik. Zwischen 1882 und 1916 ist immerhin ein gewisser Abstand, welcher jede *ordinäre* Kausalität ausschließt; hier funktioniert so geheimnisvoll wie offenbar eine magisch zu nennende Art des Zusammenhangs. Mesmer und Bahnsen machen einem uralten Polaristen ihre ermutigende Visite. Sich der Suggestion derartiger wirklich existenter Omina zu entziehen, ist schwer; es muß aber geschehen, wenn man nicht dem Aberglauben verfallen will. –

Soviel glaubte ich, vorausschicken zu sollen, um die Absicht meiner soeben erst mir Angetrauten, sich von mir zu trennen, motivieren zu können. Meine Ehefrau war ein liebes fettes Mädchen von ...zig Jahren... «zu alt, um nur zu spielen, zu jung, um ohne Wunsch zu sein». Sie legte in rührendster Weise Wert darauf, unser künftiges Heim behaglich zu gestalten, und hatte es dabei wunderlicherweise besonders auf unser gemeinsames Schlafzimmer abgesehen. Das eheliche Lager glich in Riesengröße einem Salon. Warum es Rollen hatte, werde ich gleich sagen; fand es sofort verdächtig und unpraktisch. Es hing aber auch wie eine Equipage in schwingenden Federn. Und weshalb gingen schmiedeeiserne Ketten von dem Bettpfosten aus bis zur Zimmerdecke? Meine Braut erklärte mir das: im Falle man die Bettbeine, sagte sie, abschraubte, könnte man das Bett an diesen Ketten schaukeln. Diese Eröffnung ließ mich nicht kalt. Das versprach ja ein angenehmes Beisammensein zu werden. Über dem Bett befand sich ein Himmel mit schwebendem Amor, dessen Pfeil recht locker auf der Sehne zu sitzen schien. Er ist auch abschießbar, sagte meine Frau; man braucht nur hier auf dieses Knöpfchen zu drükken. Ich tat's, und, hast du nicht gesehen, flog der vergoldete Korkpfeil mitten in die Kissen. Amor bewegte die Glieder und tat einen neuen aus dem Köcher auf die Sehne. Allerliebst! Aber wozu diese Kinkerlitzchen? Sie amüsierte sich damit, und das genügte mir. Sie lächelte verliebt und sagte mir, das Bett wäre wie ein Automobil beweglich und lenkbar vermittelst eines elektrischen Akkumulators; man könnte durch alle Zimmer rollen. «Mein süßes Lieb!» schrie ich etwas gequält auf. Ich gestehe, mir wurde ein wenig schlecht. Die Schlafzimmerampel war ebenfalls ein köstliches Spielzeug: eine von innen mit ihren runden Augen glühende Eule, die auf Knopfdruck mit entfalteten Flügeln durch die Luft sauste und sich auf den Türsims niederließ. Eulen bedeuten freilich Unheil; aber ich bin ja nicht abergläubisch. Meiner Braut will ich es abgewöhnen, dachte ich, und das wird um so leichter sein, als sie, wenn ihr etwas gefällt, es ohne alle Rücksicht auf die ominöse Bedeutung gutheißt und sich damit umgibt. Das arme Närrchen freute sich so sehr mit diesem reichlich spaßhaften Schlafzimmer. Ich mochte ihr den Spaß nicht gleich verderben, nahm mir aber vor, nach den Flitterwochen erzieherisch auf sie einzuwirken!

Du lieber Gott! Nach den Flitterwochen. Die Sache nahm schon im Beginn ein Ende, zwar nicht mit Schrecken, aber mit... Erschreckungen. Wir Neuvermählte verschwanden sacht aus dem Kreis der Hochzeitsgäste und suchten das oben geschilderte Gemach auf. Die Diskretion verbietet mir gewisse Schilderungen; ich gebe keinen lückenlosen Bericht der fatalen Vorgänge. Nur soviel. In hyperkritischen Momenten schossen stets Amors wohlgezielte Pfeile in meine empfindliche Hüfte. Meine Liebste wollte sich fast totlachen. Ich wurde aber ernst. Ich hielt ihre Hand fest, mit der sie immer wieder auf den verd... Knopf drückte. Sie riß sich los, drückte aber so heftig und mehrmals, daß die Hemmung des Mechanismus versagte und ein Hagel von Pfeilen mich über und über traf. Ich wurde fast böse. Sie rief: «Du bist schuld; warum verstehst du keinen Spaß!» Endlich hatte Amor seine Pfeile verschossen, und ich hoffte zu meinem nicht näher zu erläuternden Zwecke zu gelangen; da bat sie mich rührend, «Laß uns doch schaukeln!» Na! Ich schraubte dem Bett die Beine ab. Es pendelte schon leise hin und her, sie jauchzte. Als ich mich aber wieder in die Betten schwang, rissen plötzlich diagonal zwei Ketten, und an den andern beiden schlingerte das Bettgestell so scheußlich, daß wir, sie auf der einen, ich auf der andern Seite hinauskugelten. Sie schrie ein wenig, dann kehrte ihre Munterkeit wieder. Die Ketten waren nur aus ihren Ringen an den Bettecken geglitten, und sie verlangte, ich sollte sie wieder befestigen. Während ich aber das Bett balancierte, um den Schaden zu reparieren, versetzte sie die Eulenampel ins Spiel. Das gläserne Ungeheuer schlug mir, da ich oben auf dem Bette stand, um die Ketten auf ihre Festigkeit zu prüfen, mitten ins Gesicht und überhagelte, berstend, unser Lager mit Glassplittern. Es war noch ein Wunder, daß das Ding auf den Türsims gelangte, um dort weiterzuleuchten. Der angenehm dämpfende Schirm war aber zerbrochen. Die Situation war grell beleuchtet. Jetzt lachte sie auch nicht mehr; die Beleuchtung war ihr zu schonungslos. An irgendwelche Zärtlichkeiten dachte einstweilen niemand. Wir waren emsig beschäftigt, Kissen, Decken und Laken von Splittern zu befreien.

«Laß bitte die Ketten», sagte sie geduldig, «schraube lieber die Beine wieder an. Wir wollen schlafen. Ich bin ganz einfach müde geworden.» Das kläglich lahm schaukelnde Bett erwies sich als geradezu tückisch widerspenstig. Wie ein zerbeulter Ringkämpfer erhob ich mich, nachdem mir endlich das Werk gelungen war. Das Bett stand wie vorher auf seinen Beinen – oder vielmehr Rädern. Als meine Dame mich wehmütig und zerschunden wieder einsteigen sah – ich verbiß meinen Ärger – lachte sie laut auf, klatschte in die Hände und hänselte mich in unschönster Art. «Laß uns jetzt schlafen», riet ich düster. «Aber erst noch eine kleine Spazierfahrt», bat sie neckisch; und ehe ich es verhindern konnte, drückte sie auf die Maschinerie. Freilich hatte sie vergessen, daß das Bett noch an zwei Ketten befestigt war. Wie ein Raubtier, mit einem fürchterlichen Ruck rollte das Bett los, die schweren Ketten zerreißend. Die eine schlug mir gegen die Nase, die sofort zu bluten begann; die andere kostete meiner Frau zwei künstliche Vorderzähne. Wir stöhnten wie Teufel. Das Bett aber fuhr gegen unseren herrlichen Kleiderschrank und ratterte dann noch zehn Minuten lang wie ein Lastauto; der facettierte Spiegel in der Schranktür zerklirrte mit einem Knall; ich fühlte mich mit Glasscherben gespickt, und ich habe Grund anzunehmen, daß es meiner Frau nicht besser erging.

Mir riß plötzlich der Geduldsfaden. Ich wütete wie ein gereizter Eber gegen diese infamen spaßhaft sein sollenden Hochzeitsnachtüberraschungen. Es fielen von mir aus Worte wie: «Närrische Gans», «idiotischer Lebensleichtsinn», «Profanation des Heiligsten», «kindische Unreife», «Mangel an jeglichem Taktgefühl», «Symptom barer Herzensarmut», «Talmiesprit», ja ich verstieg mich zu: «Kokottenraffinements!» Meine Frau weinte laut auf. Schon wollte ich, schmerzlich bedauernd, einlenken, da trocknete meine Frau ihre Tränen, sah mich starr an und sprach in schneidendem Ton das Wort aus: «Scheidung!» «Ih! Ih!» rief ich erschrocken, «gleich Scheidung? – Dazu gehören zwei!» «Und diese beiden sind wir», bestimmte sie kaltblütig. «Folge mir!» – sie winkte mir hoheitsvoll und schritt mir voran durch eine Reihe von schönen Gemächern über einen Korridor. Sie öffnete eine Tapetentür, welche mir noch gar nicht aufgefallen war. Und, Himmel! was sah ich! Ein schlicht bürgerliches, den gesittetsten Anstand atmendes Eheschlafzimmer ohne alle Schikane.

«Ich vermag», sagte sie ruhig wie ein Engel, «deine Vorwürfe zu entkräften. Ich habe dich auf die Probe gestellt, und du hast sie übel bestanden. Ich wünschte mir so sehnlich, gleich in der ersten Nacht dein Gemüt, den Grad deiner Geduld, deiner Geschicklichkeit, deiner Anpassung an schwierige Umstände genau zu erfahren. Es fiel mir nichts Besseres und zugleich (eventuell!) Lustigeres ein, als ein recht bockbeiniges Ehebett. Ich präparierte mir, da ich gar nicht leugnen will, sehr abergläubisch zu sein, eine Menge Omina – und sie sind alle von schlimmster Vorbedeutung durch dich geworden. Jedes legte gegen unsre Vereinigung den entschiedensten Protest ein.» «Aber wir sind ja doch einmal verbunden. Deinen Aberglauben solltest du überwinden, sonst entkräftest du einige meiner Vorwürfe keineswegs!» Ich redete aber vergebens auf sie ein. Sie bestand unerbittlich auf Scheidung. –

Also gut denn! Die Menschheit bleibt leider auch weiterhin in zwei Parteien gespalten: in die Sklaven und in die Herren alles Aberglaubens. Vielleicht ist das der markanteste Unterschied in der Lebenshaltung? –

Heute morgen ist unsre Scheidung gerichtlich ausgesprochen worden. Dem Amtsschreiben lag eine Rechnung über eingestoßene Zähne bei. –

Was mag aus dem fahrbaren, an Ketten schaukelnden Amorschießscheiben-Brautbett geworden sein? Wahrscheinlich eine Falle für die folgenden Bräutigame meiner ehemaligen Frau? – Vivant sequentes!

Nein, nein, da war nichts mehr zu machen. Tagelang, wissen Sie, Sand und Himmel. Man rühmt zwar die Schönheit des Wüstenhorizontes, aber man rühmt sie gewiß mit sattem Magen. Gehen Sie mir doch! Was nützt mich die illustre blaue Linie, welche man angeblich, wo Sand und Himmel aneinander grenzen, sehen soll, wenn ich hungere. Drei Mann, ein Kamel und eine Dame hoch, hungerten wir seit einer halben Woche in der afrikanischen Wüste, die sich vor Ägyptens Toren auftut. Uns war der Mundvorrat ausgegangen, und sicherlich mochte es noch eine halbe Woche dauern, bevor wir etwas Oasenähnliches erreichten. Frau Professor Böhm zeterte nicht schlecht. Der Ägyptologe Ritter v. Borscht wider Borscht biß sich die Fingerspitzen blutig. Mein Gedärm raschelte wie Herbstlaub und unser junger Diener Mustafa ben Mentscher war nur noch ein lechzender Schlund.

Endlich, endlich! – nur Frau Böhm saß auf einem Kamel, und wir hätten dieses am liebsten geschlachtet – endlich also wurde die Horizontlinie von einem auffallenden Gebilde, mochte es ein Hügel, eine Ansiedlung sein, durchschnitten. Drauf zu! Aber es war kein Hügel, keine Oase, sondern eine ungeheure Sphinx. Borscht wider Borscht schien baß erstaunt; ich sah ihm an, daß er diese Sphinx unter seinen wissenschaftlichen Erinnerungen nicht wiederzufinden vermochte. Auf mich hinwiederum macht eine ehrliche Sphinx in der Wüste gar keinen Eindruck mehr. Eine Wüste ohne Sphinx wäre wie ein Schachbrett ohne Königin oder wie das O in Hôtel ohne accent circonflexe. Die Böhm ließ sich von Mustafa aus dem Sattel heben und wir stapften auf die Sphinx zu. Borscht zog einiges Handwerkszeug aus den Taschen und klopfte und hämmerte an der Sphinx herum. Er kratzte mit einem Schaber ein wenig Substanz vom Hinterteil des Gebildes und roch daran. Der Duft schien ihm aufzufallen. Man hörte ihn «köstlich, köstlich!» murmeln, und siehe da, er kostete auch wirklich mit der Zungenspitze und prüfte den Geschmack. «Aber das ist ja das herrlichste Beef!» rief er plötzlich. Mustafa verzog sein Maul bis an die Ohren. Ich dachte tief nach, kriegte meinen philosophischen Anfall. Die Böhm aber, in Köchinnenattitüde, probierte wieder und wieder das, wie es schien, wohlschmeckende Sphinxpulver. «Weiß der Himmel, lieber Borscht, ich glaube mit der vollen Autorität einer Hausfrau versichern zu können: es ist Fleischgeschmack und zwar der allerauserlesenste. Wenn man nur eine Manier hätte, es gar zu machen? In dieser rohen Form mag ich es nicht genießen.» Aber Mustafa hatte begriffen. Er bat flehentlich um den Schaber, schüttete sich das pulverisierte Sphinxfleisch in den Schlund und klopfte sich den Bauch vor Wohlbehagen. «Kulinarisch gelöstes Mythologieproblem», erwiderte ich. Plötzlich sprang Borscht einen Meter hoch und lachte herzlich: «Ich habe ja», jauchzte er, «eine elektrische Batterie und einen Brater bei mir.» Er eilte zum Gepäck auf dem Kamelsattel, schnallte eine Tasche auf und kramte darin. Dann erschien er mit einer Pfanne und den nötigen Apparaten. «Wir wollen die Sphinx in ihrem eigenen Fette schmoren!» frohlockte er; «Kinder, jetzt mache ich eine Bombenhitze, zum Steinerweichen.» Er hieb mit dem Hammer ein mächtiges Stück vom Hinterteile los, legte es auf die Pfanne, auf die er einen Deckel schraubte, und schloß sie an den Strom seiner elektrischen Batterie an. Lange Zeit merkte man nichts. Wir paßten gespannt auf. Endlich hörte man ein Summen, ein Brodeln, Zischen und Prietzeln, das immer stärker wurde. Jetzt drangen Rauchwolken aus dem Gefäß und ein Bratenduft schwängerte die Luft. Uns wässerte der Mund. Mustafa weinte Freudentränen. Borscht schaltete den Strom aus und schraubte den Deckel ab: das knusprigste Sphinxsteak schimmerte uns an, und schon griff man zu den Bestecken, welche Mustafa rasch herbeigeholt hatte. In Windeseile war serviert und ein Wüstenpicknick eingenommen. Man hörte nichts als das Schmatzen Mustafas, der aber die Menschlichkeit hatte, auch dem Kamel ein paar Bissen zu geben. Und Wunder! Kamele fressen sonst nie Fleisch – aber dieses Sphinxfleisch mundete dem Tierchen. Überhaupt muß ich sagen, hatte man über die Stillung des Hungers das Erstaunliche der Tatsache vergessen, daß die Sphinx eßbar war. Nun aber begann auch Borscht zu grübeln, keineswegs philosophisch, sondern mehr fachwissenschaftlich. «Sollte darin das Rätsel der Sphinx nicht nur, sondern vielleicht auch des Obelisken und der Pyramide bestehen?» «Goldig, lieber Borscht», lachte die schwer gesättigte Amanda Böhm und blickte aus ihren seelenvollen braunen Augen auf das scharfe Gelehrtenprofil, «goldig wär's, wenn die Obelisken Konfektgeschmack hätten, und die Pyramiden wie Fürst-Pückler-Bomben schmeckten. Ach, wäre das ein Dessert!» «Erinnern wir uns», bemühte ich mich tiefsinnig, «des deutschen Philosophen, der alles Unorganische, die rohe Materie, das Mineral aus dem Organischen ableitete. Bekennt man sich zu dieser paradoxen Auffassung, so ergibt sie vielleicht eine gewisse Lösung des Rätsels. Setzen wir also den Fall, es wäre eigentlich die ganze Materie Fleisch, nicht wahr; so hätte das im engeren Sinne leibliche Fleisch vor dem Fleisch im weiteren und weitesten Begriffe allerdings die bequemere Koch- und Eßbarkeit voraus. Dabei fällt mir sehr gelegen der wonnige Seufzer unseres trunkenen Novalis ein: «Oh! daß in duftiges Fleisch aufquölle der Fels!» Ist nicht die Materie das «Fleisch» gewordene «Werde!» Gottes?» Die Böhm sagte matt lächelnd: «Abstrus wie stets! Ach Philosophie! Philosophie! Sie verdirbt mir ordentlich den Geschmack; sie ist kein Nachtisch.» Borscht fragte, heftig kauend: «Auf was wollen Sie denn hinaus?» «Ja, überlegen Sie doch! Wenn eigentlich nichts mechanisch ist, alles organisch, so kommt vielleicht dieses Organische dort, wo es mechanisch und bloß Mineral scheint, desto organischer heraus, je besser man ihm von außen her die organische Leibesform aufprägt wie hier dem Stein die der

Sphinx.» Die Böhm schlußfolgerte rasch und schrie entsetzt auf: «Gespickter Apoll von Belvedere, geräucherte Venus von Milo, gesülzter Dornauszieher, Myrons Kuh in der Düte – na, brrrr!» Sie schüttelte sich. Borscht guckte aufmerksam durch die goldene Gelehrtenbrille auf mich; er bewegte, zugleich kauend und sprechend, seine eckigen Kinnbacken: «Sie glauben, wenn man einem Stein die Leibesform aufzwingt, daß man ihn dadurch tatsächlich organisiert? Eine merkwürdige Kühnheit!» «Merkwürdig wohl, aber gar nicht so kühn, wenn Sie voraussetzen, es gehe nirgends rein mechanisch zu. Denn dann *kann* ich ganz einfach gar nichts nur mechanisch formen, kneten, bosseln, sondern übertrage unwillkürlich meinen Leib und Leben auf das scheinbar Tote, das ich lebendig behandle.» «Aha!» strahlte die üppige Amanda mich an, «es bleibt beim in Burgunder gesottenen Merkur.» Unbeirrt schloß ich weiter: «Beachten Sie bitte den Kult vor Götzen- und Heiligenbildern und die grausame Behandlung wächsener Abbilder in der Magie zum Zwecke der Tötung ihrer leibhaftigen Originale.» «Sie machen mir Bauchweh», ächzte Amanda. «So einfach kann doch die Sache nicht sein», näselte Borscht von oben herab. «Wenn Stein versteinertes Fleisch ist, so wird diese Versteinerung doch nicht dadurch aufgehoben, daß es rein äußerlich die Gestalt irgendeines Leibes annimmt.» «Aber ich leugne ja eben, daß es eine solche reine Äußerlichkeit geben könne. Sie können gar nichts rein äußerlich verändern. Nein! Sie verändern es eben durch und durch. Und scheint es nicht wirklich so, als ob dadurch, daß man einer Masse die Form gerade der Sphinx aufdrückt» «... Diese Masse sich besonders dazu hergibt, gebraten und verzehrt zu werden!! Ja, dies ist das gaumenkitzelnde Geheimnis der Sphinx. Und darum Philosophie und Ägyptologie aufgeboten. Eine Amanda Böhm lacht euch aus!» «Und läßt es sich gut schmecken», sagte ich nicht ohne Hohn. Mustafa leckte sich die Finger.

Sollten Prof. Steindorff oder Mechtild Lichnowsky wieder mal nach Ägypten kommen, so sind sie gebeten, die teilweis aufgegessene Sphinx nicht nur ästhetisch in sich aufzunehmen, sondern sie materiell einzuverleiben. Auch dem Kamel, Mustafa, uns allen ist die Sache ausgezeichnet bekommen. – Wie märchenhaft ist doch mitunter die Wirklichkeit! –

Vierzig Männer, darunter ruchlose Grübler, asthmatisch Lächelnde, melancholische Tänzer, tiefsinnige Betrüger, geile Weisheitsverächter, charakterlose Greise, häßliche Jünglinge, festliche Zuhälternaturen, dicke Dialektiker, magre Sonnenanbeter und kranke Affen – gingen die Straße entlang und schoben alle ihre Schatten vor sich her. Diese vierzig Männer atmeten wie Leute, sie waren nicht uniformiert, sie trugen sich, wie es einem jeden von ihnen paßte. Man sah sie des Weges gehen und merkte wohl, sie gehörten zusammen. Sollte es wohl einen Verein bedeuten? Sie trotteten wie ein Rudel, wobei keiner den anderen ansah oder ansprach. Da sie aber recht gesittet einherschritten, wohlanständig Platz machten, nicht einmal Stöcke trugen und im allgemeinen freundlich, wenn auch verschlossen dreinschauten, wunderte man sich wohl, ja einige junge Damen lächelten flüchtig; aber man ließ sie ruhig passieren; sogar die Schulkinder verhielten sich artig. Nur ein paar joviale Herren in schönen blauen Tuchanzügen mit silbernen Knöpfen, Metallspitzen auf den Schädeln, schienen nervös zu werden und begannen die vierzig Männer sanft zu begleiten. Die Vierzig begaben sich in ein Warenhaus, sie umstellten einen Verkaufstisch, an dem es kleine sattgelbe Kuchen gab, und sie verzehrten jeder einen Kuchen.

Als man sie so im Geviert herumstehend kauen und dazu gleichmäßig schweigsame Gesichter machen sah, verbreitete sich eine milde Heiterkeit, welche sogar auf die sonst so würdevollen Blauröcke überging. Sie aber kauten ihre Kuchen zu Ende und kauften sich an einem anderen Lager vierzig Paar Handschuhe, welche sie sorgsam anprobierten; es ging dabei ein heiteres Raunen um sie herum, worauf sie aber nicht achteten. Sämtlich weiß behandschuht, begaben sie sich wieder auf die Straße und wandelten stumm unter den anderen Menschen dahin. Vielleicht waren es Musiker?

Doch wo waren ihre Instrumente? Oder ein Kegelklub? Die Blauen wurden auch nicht klug daraus. Auf dem Platz vor dem großen Warenhaus drehte ein beinloser Mensch seinen Leierkasten. Die Vierzig aber standen wie auf ein geheimes Kommando still; sie umringten den Spieler lautlos, Tränen schienen in ihre achtzig Augen zu treten. Ihre vierzig Paar weiß behandschuhten Hände zogen vierzig Geldbeutel aus den Hosentaschen, und sie reichten, vorbeidefilierend, jeder dem erbärmlichen Manne (mit edel stilisierter Geste) eine Münze. Der Mann erhob sich sofort auf seinen Krükken; er öffnete den Mund sehr weit und blickte seine Wohltäter gerührt und aufmerksam an; er schaute ihnen noch lange nach und orgelte dann:

Freude! Schöner Götterfunken!

Das Publikum indessen war nicht wenig ergriffen. Die Bläulichen geben in ihrer Haltung nach: allerdings nur, um sofort wieder ihre straffste anzunehmen – denn Se. Majestät fuhr in einer Kalesche vorüber. Die Vierzig winkten mit kleinen Fähnchen, welche sie von hinten her aus ihren Gehröcken hervorholten; sie standen förmlich Spalier. Majestät nickte lächelnd. Alsbald aber ging ein blaues Auge des Gesetzes auf die vierzig Männer zu: Meine Herren, Ihre Legitimation! Jetzt geschah etwas, worüber das Publikum außer sich geriet. Es stellte sich nämlich heraus, daß jeder der Herren «Fritz Müller» hieß (Fritze Müller aus Zürich war zufällig nicht darunter). Der Blaue argwohnte schon Fopperei; aber alle Papiere stimmten, er mußte sich höflich entfernen: «Ich rate Ihnen, wenn Sie keinen Auflauf verursachen wollen, sich zu zerstreuen. Es sind jetzt schwere Zeiten.» Er erhielt vierzig Zigarren für diesen Rat, welcher auf der Stelle befolgt wurde. Dort war nämlich eine Droschkenhaltestelle. In acht Droschken stiegen je vier Mann, auf die Böcke neben den Kutscher je einer. Sie fuhren los, und das Publikum hatte das lustigste Nachsehen. – Es war also ein Verein von vierzig genauen Namensvettern? Nein! Erinnern Sie sich, daß es am Orte eine bedeutende Herrenkonfektion gibt? Ein Riesenhaus. In den gigantischen Schaufenstern stehen gegen vier Dutzend hölzerne Gentlemen in allerlei exquisiten Kavalieranzügen. In der Nacht darauf befanden sich alle vierzig Müllers, eifrig beschäftigt, in den Garderoben dieser Firma. Sie kleideten sich anständig und sorgfältig ein, und zwar in tiefer Dunkelheit. Man sparte des Krieges wegen die Nachtbeleuchtung. Die Herren wollten soeben ihren Heimweg durch ein verstecktes Kellerfenster antreten – da wurde der Wächter mißtrauisch. Sie hörten, wie er aufschloß, und hatten keine Zeit mehr, das Weite zu suchen. Arme Müllers! Sie stolperten durcheinander, und der Wächter hörte den Lärm und telephonierte um Hilfe nach dem Polizeirevier. Es erschienen drei Schutzleute mit Revolvern. Man drang ein, der Wächter knippste überall das Licht an, allein, man fand nichts. «Ha'm Se woll geträumt», meinten die Polizisten. Während dieser Zeit aber standen die vierzig Müllers als unfreiwillige Mannequins starr in den Schaufenstern. Es dauerte eine kleine Stunde, bevor Müller der Siebenundzwanzigste sagen konnte: Rührt euch! Sie gingen dann feingekleidet nach Haus. Der Wächter wurde entlassen; er ist noch heute halb wahnsinnig, und die Schutzleute halten *ihn* für den Dieb. (Die Augen des Gesetzes sind meistens nur seine Hühneraugen.) – Die Spezialität der Müllers sind solche... Gruppenverbrechen. Es ist eine schlaue Bande. Am Tage mimen sie möglichst öffentlich, wie dargetan, Harmlosigkeit, um nachts desto verruchtere Streiche zu begehen. Daher ist es ein gutes Werk, hier darauf aufmerksam zu machen. Achten Sie nur ja auf vierzig anscheinend gute Leute! Lassen Sie sich doch nicht durch deren Komik entwaffnen! Es sind wirklich Gauner! Sie heißen alle *Fritz Müller*; sie scheinen so drollig – es sind Halunken und hier endlich am Pranger. –

Haus stand bei Haus. In den Vorfluren hantierten die ehrenwerten Diener, und drinnen, in den Festgemächern, erfreuten die reichen Familien sich ihres liebenswürdigen Daseins. Margarete mischte sich Punsch. Onkel Emil kaute Weißbrot mit kaltem Fasan. Der Großpapa schlürfte eine Auster nach der anderen. Da kam der Diener Wilhelm vorsichtig auf den Hausherrn, den Baron von Bohleke, zu und flüsterte höflich: «Draußen sind drei Männer vorgefahren, welche den gnädigen Herrn zu sprechen verlangen.» «So führe sie ins Empfangszimmer!» «Aber sie erwarten den Herrn Baron draußen in ihrem Wagen.» «Was?», der Baron kreischte empört. «Mich! Was sind es für Männer?» «Es sind keine vornehmen Herren; es sind so Leute mehr Unseresgleichen.» «Wo ist meine Hundepeitsche?» «Hier, gnädiger Herr.» Baron Bohleke begab sich vors Portal. Da stand eine Mietskutsche und drinnen saßen drei Männer. Sie trugen Schirmmützen und schäbige Kleidung; zwischen ihren bärtigen Mäulern wanderte eine Pulle. Sie sahen aus wie von Zille gezeichnet, und der eine sagte gröhlend: «Wenn Bohleke nicht rauskommt, schlag ich ihm den Schädel mit der Pulle ein.» Bohleke trat, indem er mit der Peitsche an sein Hosenbein klatschte, dicht an den Wagen: «Was wollen Sie? Aber bitte, ein bißchen rasch.» Statt aller Antwort wurde Bohleke von sechs Männerfäusten ergriffen, in den Wagen gehoben, geknebelt und fort sauste das Gefährt vor dem entsetzten Diener, der mit offenem Munde nachstarrte! – Die drei Männer indessen lachten und tranken. Sie lobten ihren Kutscher. Den von Bohleke hatten sie wie ein Paket zu ihren Füßen; er konnte sich nicht rühren; sie hatten ihn gefesselt. Nach einer etwa halbstündigen Fahrt, während welcher von Bohleke sich vergebens bemühte, Orientierung zu bekommen, hielt der Wagen still. Die drei stiegen aus. Der eine zerbrach Bohlekes Peitsche. Die andern verbanden ihm die

Augen. Er hörte den Wagen abfahren und fühlte sich emporgehoben. Aus dem Hallen der Schritte zu schließen, ging es durch kellerartige Räume. Nach einer kleinen Weile nahm man ihm die Binde ab. «Justav», sagte eine ziemlich rohe Stimme, «hole nu man die Marie.» Justav entfernte sich taumelnd. Man befand sich in einem kahlen Raum. Von Bohleke, noch etwas wirr im Schädel, zog seine schneidigste Grimasse und wollte zu krähen beginnen. Aber die Männer packten ihn jeder an einem Arm. Der eine legte ihm seine schmierige Hand auf den Mund, und der andere sagte: «Hier hältste die Schnauze, Baron. Wir haben dir in Gewalt.» Sie nötigten ihn zum Niedersitzen auf eine hölzerne Bank und flankierten ihn liebend. «Also wieviel», fragte von Bohleke, «wollt ihr für meine sofortige Freilassung?» «Ne», sagte der Rechte, «hier bleibste'n kleenes Vierteljahr.» «Was?» schrie von Bohleke, «Kerls! Ich...» «Reg' dir ab, sonst kriegste eens drauf.» «Ich verlange, zu wissen, was ihr mit mir vorhabt.» «Mensch», sagte der links, «so was Gutes, daß du vor Wonne hochgehn wirst. Schau! da kommen se schon. Etwas will ich dir noch verraten: Du sollst hier als Zuchtbulle Verwendung finden.» «Als...?» – aber noch hatte von Bohleke den Satz nicht beendigen können, als Justav wieder anlangte. In seiner Begleitung befand sich ein altes Weibsbild von ausgesprochen kupplerischem Aussehen. «Det is die Marie», sagte Justav, «is se nich immer noch propper? Marie», fuhr er mit vorstellender Handbewegung fort, «det is der bekannte Lebemann Baron von Bohleke.» «Kinder», flötete Marie, «laßt mich mit dem gnädigen Herrn allein!» «Aber Marie! Aber Marie!» warnten die drei wie aus einem Munde, «Marie, was hast du vor, Marie?» Dann torkelten sie durch eine Falltür ab. – Marie setzte sich neben von Bohleke und tat kriecherisch liebenswürdig: «Es handelt sich um eine zarte Angelegenheit, verehrter Herr Baron. Ich habe früher bessere Tage gesehen und denke mir leicht, wie es Ihnen jetzt zumute sein mag.» «Bitte langweilen Sie mich nicht, meine Liebe! Womit kann ich dieser unerhörten

Frechheit *sofort* ein Ende machen?» «Mit gar nichts», erwiderte freundlich Marie, «Sie müssen ein kleines Vierteljahr Geduld haben. Solange hält man Sie zu gewissen, Ihnen gleich näher zu erklärenden Zwecken hier gefangen. Sie müssen nämlich wissen, wir sind prachtvoll organisiert. Es ist ein Verein zur Veredlung der Menschenrasse. Wir fangen aristokratische Lebemänner ab und zwingen sie, unter Todesandrohung, zum liebenden Verkehr mit sorgfältig von uns ausgesuchten Mädchen niedrigen Standes; pikfeine Ware, Herr Baron. Bisher haben wir noch keinen zu töten brauchen. Sie waren uns nur allzugern zu Willen.» «Pfui Satan!» brach da der Baron los, «das übersteigt ja jede Vorstellung von Schamlosigkeit.» «Ah, Herr Baron, warum? Ihr Herren seid ja sonst so galant? Warum soll man das nicht lieber in ein vernünftiges System, in eine gegenseitige Hinneigung von hoch zu niedrig bringen und aus den Leibeserben dieser Sympathie dem ganzen Volke wertvolle Blutmischungen erzeugen? Wir sind Idealisten, Herr Baron. Warum regen Sie sich moralistisch auf? Just Sie? Beiläufig gesagt, ich bin aus Ihren Kreisen. Ich war, ich bin Komtesse. Deklassiert. Ich fühle mich wohl! Ich gab jungen Menschen das Leben, welche jetzt angesehene Rollen in Staat und Gesellschaft spielen. Ich bin freiwillig bei dieser Mission geblieben. Im übrigen, mein Lieber, sind Sie ja erstlich ein Freund hübscher Mädchen; und zweitens scheuen wir nicht vor der letzten Gewalttat zurück, um Sie unseren Zwecken gefügig zu machen. Also bitte bitte, lassen Sie alle Prüderie!» «Wahnsinn», ächzte der arme Baron. Er rang die Finger, daß die Gelenke knackten. Marie blickte ihm lächelnd ins ebenso böse wie ratlose Antlitz. «Zum Donnerwetter, Gnädigste»... «Bitte einfach Marie», sagte die Gnädigste. – «Ja, zum Donnerwetter, Sie Mieze» (och! machte Marie), «das läßt sich doch aber sofort abkaufen. Ihr seid zwar Idealisten. Aber ihr lebt doch wahrscheinlich von solchen Erpressungen und nicht nur um Gotteslohn. Arrangieren Sie die Chose doch möglichst dalli, meine Liebe.

Speziell Ihnen noch ein Extradouceur!» «So wird es nicht gehen, Baron. Sie haben schon recht vermutet, daß wir, notgedrungen, unseren Idealismus aus den Taschen seiner Opfer zu kapitalisieren gezwungen sind. Aber, mein Lieber, vergessen Sie nicht unsere eugenischen Zwecke. Sobald unser Vertrauensarzt endgültig sein Votum abgegeben hat, daß Sie mehrfacher Vater zu werden im Begriffe sind, entläßt man Sie mit unseren Segenswünschen. Früher keineswegs; denn Sie müssen durch die intimsten menschlichen Beziehungen an uns gefesselt bleiben. Übrigens rede ich etwa nicht, um zu überreden. Wir haben Gewaltmittel, z. B. mit dem raffiniertesten Luxus eingerichete Folterkammern. Ich rede nur, um Sie zu informieren. Ich bin hier Empfangsdame. Sträuben, Baron, lächerlich und geradezu verhängnisvoll überflüssig. Folgen Sie mir willig, sonst kommt ein ziemlich brutaler Beistand.» Von Bohleke erhob sich. Inzwischen war doch seine Neugierde ein wenig geweckt worden. Marie schritt ihm voran. Die Hand nach einem kaum sichtbaren Knopf an der weißgetünchten Wand ausgestreckt, sagte sie, halb zurückgebogen: «Sie werden rund ein Vierteljahr lang eleganter, wie ich glaube, leben, als Sie es sonst gewöhnt waren. Vorausgesetzt, daß man willig ist, erfährt man bei uns eine allererstrangige Behandlung.» «Es ist mir unfaßbar», zögerte der Baron, «daß Sie dort Gewalt anwenden, wo Sie doch wahrscheinlich mit der leichtesten Mühe, unter so luxuriösen Bedingungen, freiwillige Vereinsmitglieder die Menge fänden.» «Hahaha», lachte Marie entzückt auf, «Sie sind, Baron, von der grandiosesten Naivität. Um diesen heimlichen Staat im Staate unentdeckt spielen zu können, brauchen wir Milliarden, nicht Millionen. Wir brauchen soviel Geld, wie man es uns freiwillig gewiß noch nicht einmal zu einem Drittel geben würde. Wollen Sie noch etwas wissen?» – «Wie bekommen Sie soviel Geld, ohne daß man Sie anzeigt?» «Aber Bester, wen will man anzeigen? Und das Gesetz wegen der standesgemäßen Alimentationen ist auf unserer Seite. Ärzte, Rechtsanwälte, ja hohe, vielleicht höchste Beamte sind unsere Rentenempfänger. Und gesetzt, mein Lieber, der Staat selber hätte ein geheimstes Interesse daran, uns unentdeckt zu lassen, so läßt sich kein Einfluß mehr gegen uns aufbieten. Sie sollen das erleben! Wir zählen einige Prinzen zu unseren Interessenten. Ich schweige. Ihrer Phantasie ist Spielraum gegeben.» Mit diesen Worten drückte sie auf den Knopf. Scharniere glitten auseinander. Die getünchte Wand rollte nach unten. Es zeigte sich ein bronzenes Portal im Renaissancegeschmack. In getriebenen Figuren sah man darauf einen stolz athletischen Mann von jungen Frauen umschmeichelt. An einem Ringe hing ein Türklopfer. Marie tat drei metallisch gongartig dröhnende Schläge. Die Flügel öffneten sich nach innen. Ein Diener in schwarzsammetner Livree geleitete durch einen breiten Korridor mit Oberlicht in eine Art Vestibül mit herrlichen Ebenholzmöbeln auf rotem Teppich. Durch ein breites Glasfenster sah man in einen französischen Park, ein Springbrunnen rauschte. «Die Damen hierher», befahl Marie dem Diener. Von Bohleke klemmte sein Monokel ins Auge. Man hörte ein seidenes Rauschen. Aus einer hohen Tür dem Fenster gegenüber traten fünf Mädchen in weißseidenen Schleiern. Marie sagte in befehlendem Ton: «Ihr seid diesem Herrn zugeteilt. Ich erwarte, daß ihr euch seinen Anordnungen fügt. Baron, ich sehe Ihrer Miene gern an, daß Sie nicht unangenehm berührt sind. Ich empfehle die Herrschaften der gegenseitigen liebevollen Berücksichtigung.» Sie entfernte sich. – – –

Haus stand bei Haus. In den Vorfluren hantierten die ehrenwerten Diener. Drinnen, in den Festgemächern, erfreuten die vornehmen Familien sich ihres genußreichen Daseins. Onkel Emil aber war nicht mehr froh. Er trauerte, Rebhuhn kauend, vor sich hin. In sein Weinglas fiel ab und zu ein Tränentröpfchen. Der Großpapa schlürfte melancholisch seine Austern. Margarete sang am Klavier: «Wer nie sein Brot mit Tränen aß.» – Da kam der Diener Wilhelm vorsichtig ins Zimmer: «Gnädige Herrschaft, es fährt eine

Mietsdroschke vor, und ich glaube, der Herr Baron sind drinnen.» Dem Großpapa glitschte die Auster aufs Oberhemd. Margareten blieben die kummervollen Nächte knödelig in der Kehle stecken. Onkel Emil erhob sich, zitterte und stieß tiefe Seufzer aus, er verschluckte sich am letzten Bissen. Da trat von Bohleke ins Zimmer. «Gott, wie blühend siehst du aus!» «Spritztour», sagte er jovial. «War in Paraguay. Ausgezeichnete Verpflegung. Schlechte Postverbindung. Vergebt mir diese Überraschung.» Der Großpapa fragte: «Kamillo, bist du normal? In der Nebenlinie hatten wir Paranoia.» – «Übernormal, Großvater!» Er umschlang Margareten prüfend. Ach, sie fand ihn so sonderbar feurig. Onkel Emil wischte sich Mund und Augen. Diener Wilhelm erhielt den Auftrag, zur Deutschen Bank zu gehen. –

Seit einiger Zeit bemerkt man frische Schwungkraft im Volke. Überall sieht man forsche junkerartige Herren, welche aber dabei doch so leutselig auch zum Geringsten sind. Woher kommt das? Marie, Justav, von Bohleke u. a. wissen Bescheid, aber sie schweigen; sie empfangen schweigsam große Summen Geldes, und alles steht sich gut dabei; und jeder Lebemann fast erinnert sich mit Sehnsucht seiner Entführung.

«Wer möchte sich nicht gern verwandeln? – In ein edles Kavalleriepferd, in ein schönes Mädchen, einen Husarenoberst, in Walter von der Vogelweide, in eine Ameise oder einen Bergkristall? – Ist es nicht entsetzlich, immerfort dieselbe Form mit geringen Variationen beibehalten zu sollen? Ist Proteus nicht das beneidenswerteste aller Wesen? Oh, dieser eigne Leib, dieses Gefängnis, diese Isolierzelle! Diese stehenbleibende Grimasse und Fratze! Wenn einem derselbe Tropfen immer wieder auf den Schädel fällt; man denselben Ton unaufhörlich hört; und sei es die schönste Melodie, man kriegt sie endlich satt, wenn sie sich tagtäglich wiederholt. Wie hält man das aus! Ah, man hält es eben nicht aus – man stirbt: dies ist gewiß der eigentliche Grund des Todes. Man würde nie sterben, wenn man sich in immer neuen Gestalten tummeln dürfte; vielleicht ist der sogenannte Tod nur Metamorphose, aber unkontrollierbare, unwillkürliche, in finstres Geheimnis getauchte?» –

Der Herr, der so grübelte, saß in einem hellgelben Nankinganzug auf einem mausgrauen Biedermeiersofa. Die Wände des Zimmers waren lila tapeziert. Auf einem runden Tischchen stand ein Rauchservice, aber Bolko rauchte nicht; er quälte sich mit derartigen Gedanken. Aus dem Glasscheibenschrank blitzte golden seine Märchenbibliothek. Seine Phantasie hatte sich gegen drei Jahrzehnte mit Wundern überfüttert, und nun fand er sein Leben immer monotoner; er sehnte sich verzweifelt nach Abwechslung, Verwandlung, Überraschung. Er ging zu sogenannten Zauberern, in deren Vorstellungen; in Läden, wo Zauberapparate feilgeboten wurden; in Jahrmarktsbuden mit magischen Theatern. Er besuchte Hypnotiseure, hysterische Frauen, Irrenhäuser und Kultusstätten. Er las die Mystiker und Mythologen. Schließlich ging er auf Reisen, welche ihn bis Indien und Tibet führten; mit dem Resultate, daß er allen Zauber faul, hokuspokerig, schwindelhaft fand. Ein alter Mann, der es gut mit ihm meinte, weil er die Not seines Herzens erkannt hatte, verwies ihn auf das Studium der Physik. Aber von dort aus verlor er sich leider in müßige Spielereien, zuletzt in alchemistische Fiktionen. Schließlich wußte er sich keinen Rat mehr; er resignierte, stagnierte, wurde spleenig. Mitunter schlief er eine Woche lang ein. Er zitierte oft Leopardis: «Nichts lebt, was würdig wäre deiner Regungen!» Und nur der Gewohnheit folgend, ging er noch mitunter in ein Variété oder eine ähnliche Veranstaltung.

Auch heute, um die neunte Abendstunde, griff er nach Stock und Hut, um sich wenigstens eine imaginäre Abwechslung zu gönnen. Als er melancholisch durch die Straßen schlenderte, in der Hoffnung, etwa ein neues Kino, einen neuen Schwindel zu entdecken, fühlte er sich plötzlich an seinem Rockärmel gezupft. Ein blutjunges Mädchen von verhungertem Aussehen sah ihn flehentlich an, ohne etwas zu sagen. Bolko, erotisch längst blasiert, wollte seinem Geldbeutel eine Münze entnehmen – allein, das Mädchen wehrte ab. «Wie?» fragte er, «ist es etwa zu wenig?» – «O nein, ich danke Ihnen sehr, mein Herr», versicherte das Mädchen, «aber mein Vater bemerkte Sie soeben und schickte mich zu Ihnen, damit ich Sie zu ihm hole. Er ist gelähmt. Er hat viel von Ihnen gehört, und als er, am Fenster sitzend, Sie unten vorbeigehen sah, bestand er so heftig darauf, daß ich Sie zu uns hinauf bäte, daß ich mich dazu entschließen mußte. Bitte enttäuschen Sie den alten Mann nicht; kommen Sie mit mir. Es ist ungewöhnlich; aber mein Vater behauptet, Sie lieben gerade das Ungewöhnliche, und Sie würden bei ihm noch viel Ungewöhnlicheres finden!» Bolko war eigentümlich berührt, fast unangenehm. Was ihn aber bewog, die Aufforderung nicht unwirsch abzulehnen, war die unter dem betrachtenden Blicke sich immer überwältigender hervortuende Schönheit des Mädchens, schöner noch dadurch, daß sie durch Elend verkümmert schien und die Phantasie zur idealisierenden Vollendung zwang. «Woher kennt mich denn Ihr Vater?» fragte er, indem er sich schon zu folgen anschickte. «Mein Vater ist Optiker gewesen; er kam früher oft mit einem älteren Herrn, einem ihrer besten Freunde, dem Professor B. zusammen, dem bekannten Physiker. Ich erinnere mich, daß Ihr Name öfters erwähnt wurde. Der Professor fand Sie phantastisch, während mein Vater sich Ihrer annahm, Sie gegen ihn verteidigte. Um was es sich handelte, habe ich nicht verstanden. Mein Vater beschäftigte sich besonders mit der Fabrikation von Spiegeln.»

Sie langten vor einem schmalen, niedrigen Häuschen an, das zwischen riesigen Mietskasernen stand. Über ein Fenstersims des ersten Stockwerks hatte sich ein alter Mann gebeugt. Er winkte hinunter. «Mein Vater», sagte das Mädchen, und öffnete die mit Eisenstäben vergitterte Glastür. Sie schritt mit leichter Anmut voran. In einem geräumigen Wohnzimmer am Fenster saß der Alte auf einem hohen Lehnstuhl. Er grüßte freundlich: «Meine Tochter wird mich entschuldigt haben, daß ich Ihnen nicht entgegengehe.» Bolko reichte dem Alten die Hand und rückte sich einen Stuhl in seine Nähe. Welches merkwürdige Greisenantlitz! Voller Geist, Gemüt und Energie. Aus den hellen, klaren Augen sprach erfinderischer Verstand. «Kann ich Ihnen in irgendeiner Weise dienen?» fragte Bolko. Der Greis schickte seine Tochter hinaus: «Bringe uns eine Aufwartung, Melitta! – Ich habe Ihren väterlichen Freund, den Professor B., gekannt», begann der Greis. «Er erzählte mir machmal von Ihren Ideen, Ihren Träumen und Wünschen. Wir kamen darauf, weil ich mich mit ähnlichen Ideen, aber mehr physikalisch, trug und noch trage. Mir ist auch einiges gelungen, was ich Ihnen anvertrauen möchte. Ich sah Sie früher oft, ohne daß Sie von mir wußten. Wäre nicht unser Unglück gekommen, mein Bankrott (ich lebe von dem, was unsere Gläubiger mir bewilligen, da sie auch jetzt noch auf eine Erfindung hoffen), der Tod meiner Frau, meine Lähmung, so wären wir längst miteinander bekannt. Sie haben wohl Ihre alten Hoffnungen auf die Möglichkeit leiblicher Verwandlung längst ad acta gelegt?» «Ach!» sagte Bolko, «es scheint so, als ob wir resignieren könnten. Aber wie erwachen sofort wieder alle scheintoten Illusionen, wenn man uns, wie soeben Sie, mit dem Schatten einer Erfüllung winkt. Haben Sie denn wirklich etwas gefunden?» –

Die Zimmertür öffnete sich. Melitta servierte lieblich – sie hatte eine zierliche weiße Schürze umgebunden – Tee und Keks. «Melitta», bat der Greis, «ich möchte in die Werkstatt; aber jetzt wollen wir uns erst erfrischen.» «Bitte mein Fräulein.» Bolko erhob sich und bot Melitta einen Stuhl an, «wollen Sie uns nicht Gesellschaft leisten?» Melitta setzte sich lächelnd. Der Alte blickte von Bolko zu Melitta. Man genoß eine Weile schweigsam den Tee. «Ohne Melitta», rief dann der Alte, «wäre ich verloren. Glauben Sie ja nicht, daß sie mir nur mechanisch zur Hand geht. Sie ist meine richtige Mitarbeiterin, hat tüchtige, wenn auch mehr praktische als theoretische Kenntnisse in der Physik, besonders Katoptrik.» «Nun», meinte Bolko, «eine junge Dame beschäftigt sich gewiß gern mit Spiegeln, besonders wenn sie ähnlich wie Narziß von ihrem Abbilde angezogen wird.» «Ach», sagte Melitta, «was Vater aus Spiegeln hervorzuzaubern versteht, ist so interessant, daß ich gar nicht auf die gewöhnlichen eitlen Gedanken verfallen kann.» «Ich möchte offen gegen Sie sein!» sagte der Alte bedächtig und stellte seine ausgeleerte Tasse hin, «ich begehe ein Unrecht, wenn ich Melittas sehr zarte Gesundheit meinen Experimenten aufopfere; das ist mit ein Grund, weswegen ich Sie zu interessieren suchen mußte. Denn sehen Sie, wie es zu gehen pflegt; unsere Unterstützung reicht nicht hin, um zugleich meine Sache und unser leibliches Wohl zu fördern. Meine Versuche kosten mehr Geld, als ich verantworten kann. Sehen Sie, daher hoffe ich, wenn Sie das bißchen Erreichte anerkännten, daß Sie vielleicht zu mäzenatischer Beihilfe geneigt sein möchten?» «Mein Herr» – Melitta kam Bolkos Antwort rasch zuvor, – «nehmen Sie Vaters Worte nicht so ernst! Es ist schon eine typische Wendung bei ihm geworden. Er möchte natürlich gern wie früher im größten Stil operieren und fahndet immer auf Möglichkeiten.» «Mit Recht, Fräulein Melitta! Ich finde es empörend, daß die Gläubiger, da sie doch Hoffnungen auf Ihren Vater setzen, ihn unzulänglich finanzieren; möglicherweise sind sie mehr seine als er ihr Schuldner; ich wenigstens habe das günstige Vorurteil, daß es sich um eine unerhörte Erfindung handelt.» «Sie sollen aber nicht», sagte der Alte, «vorurteilen, sondern urteilen. Melitta, rolle mich ins Laboratorium!» «Gestatten Sie» – Bolko sprang auf und ergriff die Rückenlehne des Armsessels. «Wohin ist der Stuhl zu transportieren?» Melitta öffnete eine Tür, die auf einen kleinen Korridor führte. «Hier gegenüber ist unser Arbeitsraum.»

Bolko, der den Stuhl vor sich herrollte, empfing einen eigentümlich trostlosen und zugleich feierlichen Eindruck. Der Raum, von der Größe eines kleinen Saales, war schwarz getüncht; auch Decke und Fußboden. Eine einzige Scheibe aus Kristallglas bildete vorhanglos das Fenster. Man unterschied im übrigen einen Tisch mit milchweißer Platte auf schwarzen Beinen, einige schwarze Schemel, ein schwarzes Regal und einige Apparate von der Form eines Skioptikons oder einer photographischen Kamera. Aus der Mitte des Plafonds über der Tischplatte ragte eine schwarze Röhre. «Das ist nach meinen Angaben eingerichtet. Ich wollte, man könnte die Luft in diesem Raume schwarz färben. Für optische, besonders katoptrische Experimente ideal! Läßt sich rasch total verfinstern, total erhellen; nichts stört, nichts lenkt ab. Bitte setzen Sie sich an den Tisch. Und Melitta, du bist so gut und rollst den Spiegel herauf.» Melitta ergriff eine metallene Kurbel und drehte sie wiederholentlich um, man hörte ein surrendes Geräusch in der Tiefe. Aus dem Fußboden, parallel zum Fenster an der Wand gegenüber, stieg langsam eine ungeheure Spiegeltafel bis zur Decke empor; auch an den Wänden schloß sie dicht an. Der Raum hatte sich verdoppelt. Bolko stieß einen

Ruf des Entzückens aus. Er galt der makellosen Reinheit des Spiegels, einer so durchsichtigen Reinheit, daß sie substanzlos schien, ein spiegelblankes Nichts, eine ätherische Reflexion. «Gib einen Hammer, Melitta», forderte der Alte, «gib ihn dem Herrn.» Bolko war erwartungsvoll; er empfing aus Melittas Händen einen schweren, eisernen Hammer. «Versuchen Sie nun», rief der Alte, «den Spiegel zu zertrümmern!» «Was?» zögerte Bolko, «nie und nimmer! Das wäre ein Verbrechen! Es kann nicht Ihr Ernst sein?» «Mein vollster Ernst! Vertrauen Sie mir: Es ist unmöglich, daß Sie den Spiegel zerbrechen. Versuchen Sie's!» Bolko tippte vorsichtig an den Spiegel; man hörte keinen Ton. «Ach bitte», sagte Melitta, «schlagen Sie getrost so kräftig wie möglich zu; es macht nichts.» Bolko holte zum Schlage aus; der Hammer flog ihm mit voller Wucht aus der Hand, fuhr in den Spiegel hinein, man hörte ihn hinter der Spiegelfläche niederpoltern; er war verschwunden; aber der Spiegel glänzte in unversehrter Blankheit. Unwillkürlich hatte sich Bolko vorgebeugt, um den entglittenen Hammer zu erhaschen, dabei verlor er sein Gleichgewicht und stürzte vornüber mitten in den Spiegel hinein. Er hatte die Empfindung einer elastisch flüssigen Masse. Melitta zog ihn resolut zurück. Der Spiegel, in dem sich ein tüchtiges Loch gebildet hatte, schloß seine zerrissene klare Haut zusehends wieder zusammen, er gerann gleichsam wieder, seine Fläche zitterte ein paarmal wellenartig hin und her, dann spannte sie sich wieder in unberührter Reinheit aus. Bolko war tief entzückt. «Aus was ist der Spiegel», fragte er. «Seien Sie von jetzt an gänzlich unbesorgt. Ich bin so durchdrungen von der Wichtigkeit und Wirksamkeit Ihrer Experimente, daß ich Ihnen mein Vermögen mit Freuden zur Verfügung stelle. Aber weihen Sie mich ein! Aus was ist dieser Spiegel?» «Ich danke Ihnen», sagte der Alte, «ich fühlte, daß es Ihnen um die Sache geht, und gewiß sollen Sie eingeweiht werden. Aber Geduld! Es handelt sich hier um sehr schwierige chemische Analysen, um einen zähflüssigen, gummiartigen

Stoff, mit welchem das Quecksilber amalgamiert wird, ein Nonplusultra zugleich an Elastizität, wie Sie sehen. Das ist aber noch lange nicht alles. Unser Spiegel leistet mehr, viel mehr. Bevor ich Ihnen die Wunder erkläre, will ich sie Ihnen erst zeigen. Diese seifenblasendünne elastische Spiegelhaut kann ebenfalls wie eine Seifenblase irisieren. Melitta, verfinstere das Zimmer.»

Während unter Melittas Händen eine schwarze Wand sich dicht vor das Fenster schob, klagte der Alte beweglich, daß er gelähmt wäre. «Ohne alle diese gräßlichen Hemmungen, bester Herr – wie hätte ich längst meine Erfindungen, welche auf einer bestimmten Linie, in einer gewissen Richtung, akkurat nämlich der leiblichen Selbstverwandlung auf künstlichem Wege, vermittels Spiegels, liegen, vervollkommnet!» Das verfinsterte Zimmer war jetzt künstlich beleuchtet, und zwar in farbloser Helle. «Nunmehr», sagte der Alte, «färben wir den Spiegel.» Er hantierte an einigen am Tischrande befestigten Knöpfen. Der Spiegel glühte prächtig in bunter Schillerung auf. Sodann durchlief er sämtliche Färbungen der Reihe nach vom dunkelsten Indigo über Blau, Grün, Purpur, Orange hinweg, bis zum blassesten Gelb. «Sie sehen, der Spiegel nimmt sämtliche Farben mit Leichtigkeit an. Indessen kann auch ein und dieselbe Farbe verschieden sein, je nachdem sie an verschiedenen Stoffen erscheint; und auch diese Verschiedenheit, diese Skala der Textur, ist der Spiegel imstande, nachzuahmen. Schauen Sie her!» Die Spiegelfläche schien aus rotem Atlas, sie verwandelte sich in roten Samt, rotes Leder, rotes Leinen, roten Marmor, kontinuierlich in jede nur mögliche Nuance der Textur. «Ganz herrlich! Meisterhaft!» bewunderte Bolko. «Aber bitte», wehrte der Alte ab, «das ist ja noch gar nicht erstaunlich! Farbige Beleuchtung – es gab, es gibt Ähnliches, wenn man auch die Technik der Texturimitation dabei vernachlässigte. Gesetzt, Sie hätten die armseligste Zimmereinrichtung, das proletarischste Interieur, so könnte diese Beleuchtung seidene Tapeten, Sammetgardinen, goldenes Tafelgeschirr auf Damastgedeck hervorzaubern, marmornen Fußboden, Ebenholzplafond. Es wäre etwas für Bühnenregisseure, nicht wahr? – Immerhin aber ist es nicht das, was ich als Verdienst für mich in Anspruch nehme. Ich berücksichtige die Variationen der Färbung und Textur eigentlich nur der *Form* zuliebe; ich variiere die *Gestalt* des Spiegels und dadurch diejenige der Spiegelbilder. Melitta, den Proteus!» Melitta rückte den skioptikonähnlichen Apparat heran, der eine Tastatur mit Zeigerwerk aufwies. «Schalte den Spiegel an», kommandierte der Alte. «Nun sehen Sie, hierdurch beherrsche ich jeden nur möglichen Formenreichtum, sei es in kopierender, sei es in frei erfindender Manier. Ein schöpferischer Künstler, der sich, statt des Pinsels oder Meißels, dieses Apparates bediente, würde im ätherischen Material der Reflexion sein Werk hervorzaubern.» «Oh, da ist mir noch vieles dunkel», sagte Bolko. «Das glaube ich gern», stimmte der Alte zu, «es soll Ihnen aber bald deutlich werden. So zahlreich die möglichen Formen sind, so gibt es doch nur wenige Elemente. Der Raum ist uns gegeben, und die Arten, ihn zu begrenzen, sind leicht übersehbar. Ich wölbe den Spiegel oder platte ihn ab, und kann dieses beides auf zahllose Weise tun. So beherrsche ich Farbe, Form, Textur und damit das gesamte Reich des Gesichts. Dieser Apparat nun hier, welchen ich Proteus nenne, ist empfänglich, sensibel, für alle, auch für die Gesichtsempfindungen. Studieren Sie den Kantianer *Ernst Marcus!* Dieser bewundernswürdige Erkenntnistheoretiker weist mit überzeugender Schärfe nach, daß die Sinnesempfindung nicht etwa nur von den äußeren Gegenständen aus in der Richtung auf unser Gehirn, sondern mit ebensolcher Energie vom Gehirne aus nach außen hin, in der Richtung auf die Gegenstände erfolge. Von unserem Leibe, unserem Gehirn, speziell also auch vom optischen Nervenzentrum aus, flutet ein ätherischer Empfindungsstrom ins Weltall, z. B. bis zur Sonne, also auch bis zur Sonne im Spiegel. Dieser Empfindungsstrom durchbricht die Schädelkapsel ebenso leicht wie die Materie des Spiegels. Mein ‹Proteus› nun leitet diesen Strom zum Spiegel hin, und der Spiegel gehorcht minutiös genau der ihm dadurch erteilten Direktive. Tastatur und Zeigerwerk dienen der eventualen Fixation aller erscheinenden Gebilde. Inwiefern es aber möglich sein sollte, das Gebiet der Optik zu überschreiten und sämtliche Sinne in den Wirkungsbereich des Apparates einzubeziehen, werden wir später sehen. Was wünschen Sie erscheinen zu lassen?» – «Das ist ja toll! Ich kann es kaum für möglich halten. Wenn ich Sie recht verstanden habe, kann ich meine eigenen Phantasievorstellungen vermittels des Apparates in den Spiegel projizieren?» «Gewiß! Der Spiegel reflektiert, was Sie wollen, wenn Sie es nur gehörig anschaulich wollen. Geben Sie acht!» Die weiße Tischplatte bedeckte sich plötzlich bunt mit dem beweglichen Miniaturbilde der Außenwelt. Der Alte hatte an einer Schnur gezogen; die Röhre am Plafond über dem Tisch erwies sich als ein Linsensystem enthaltend, wie man es von der Camera obscura her kennt. Er stellte nun den Empfänger seines ‹Proteus› genau auf das Bild ein, und sofort erschien dieses... aber man konnte nicht mehr sagen: im Spiegel, sondern der Spiegel, der Reflex nahm körperlich die Form der abgebildeten Dinge an. Es war zauberhaft. Eine frei im Raum schwebende kleine Welt. Bolko war begeistert. Seine Augen suchten die Melittas, und beide fanden sich in einem Blicke der Bewunderung, der unwillkürlich ein Gran Erotik enthielt.

«Ich rate Ihnen», sagte der Alte, «Ihr eigenes Spiegelbild zu variieren. Ich erinnere Sie, daß Sie die Selbstverwandlung beabsichtigten.» Bolkos Ebenbild erschien in lebendig wallenden Konturen. «Wie wünschen Sie es alteriert?» fragte der Alte, «das ganze Menschen-, Tier-, Pflanzen-, ja Mineralreich steht Ihrer Auswahl zur Verfügung.» «Ich wähle das Fräulein Melitta», sagte Bolko und griff leidenschaftlich nach Melittas Hand. Melitta wich erschreckt zurück. «Was soll das?» stieß der Alte hervor. «Suchte ich denn nicht mein anderes Ich?» erregte sich Bolko. «Hier in

Melitta habe ich es gefunden. Vergeben Sie mir beide! In diesem Rausch der Begeisterung fühlt meine Sehnsucht sich endlich am Ziel. Ich fühle, daß ich Melitta will. Ich will sie, d. h. ich möchte sie selber sein! Ich möchte mich in nichts verwandeln als in Melitta. Wie könnten Sie mir das verargen?» «Ist es so gemeint?» rief der Alte. «Ei, das ist ein sonderbares Experiment. Aber wie denkt meine Melitta darüber?» – «Oh, Fräulein Melitta, ich hätte nicht den Mut gefunden, mich zu offenbaren, wenn ich ihn nicht aus jenem Blicke des Einverständnisses hätte schöpfen dürfen. Ich bitte Sie im Beisein Ihres Vaters um Ihre Hand.» Melitta, statt aller Antwort, umarmte ihren Vater; dieser aber gab sie mit sanfter Gewalt in die sich öffnenden und um das Mädchen zusammenschließenden Arme Bolkos. Die Lippen fanden sich im ersten Kuß. Dann umarmten die beiden den Vater. «Und ich will Ihr gehorsamster Lehrling sein, lieber Vater», gelobte Bolko. «Gut denn! Aber Kinder, experimentieren wir doch weiter! Sie wollen die Hand meines Mädchens, lieber Bolko? Und doch hatten Sie etwas Besseres, etwas Vollendeteres im Sinn, als dieses konventionelle Sichkriegen in einer Ehe. Sagten Sie nicht, Sie wollten Melitta sein, und willigte Melitta nicht in diese Vereinigung – möchtest auch du nicht lieber er sein als du?» «Vater! Vater! du hast immer nur Experimente im Kopf, auch wenn es sich um mein Glück handelt. Ich darf es sagen, ich hätte dich, Bolko, nicht so formlos von der Straße geholt, wenn es mir nicht längst um dich zu tun gewesen wäre; ich kenne dich längst.» Bolko jauchzte. «Aber trotzdem möchtest du nicht lieber ich sein als du; während ich so gern in dir aufgehe und den Bolko in dich verwandeln möchte.» «Ach, Bolko, doch! Solche Wünsche sind, wenn man liebt, immer gegenseitig.» «Und glücklicherweise», erklärte der Alte geheimnisvoll, «sind sie hier einmal vollends zu verwirklichen.» «Wie das, bester Vater?» erkundigte sich Bolko. «Genau so!» gab der Alte zurück und machte sich am Apparate zu schaffen. Bolkos Spiegelbild nahm immer deutlicher

Melittas Gestalt und Züge an. Bolko lachte vor Freude. «Nun umgekehrt», lächelte der Alte, und transfigurierte Melittan wieder in Bolko. «Genug jetzt, Vater», bat Melitta, «wir feiern heut unser Verlöbnis.» Der Alte aber bestand mit eigensinniger Hartnäckigkeit auf Beendigung des Experimentes, und Bolko sekundierte ihm gegen Melitta, so daß sie sich fügte. «Denn es lief doch», eiferte der Alte, «auf die wirkliche leibliche Selbstverwandlung hinaus. Zu diesem Zwecke genügt das rein optische Darstellen nicht; wir müssen alle anderen Empfindungen, besonders das Getast, hinzuziehen. Und dieses Experiment verspricht um so eher zu glücken, als in unserem Falle ja die innerste Gemütsempfindung sein Gelingen herbeisehnt. Haben Sie, lieber Bolko, jemals den Einfall gehabt, die Rückwirkung des Spiegelbildes auf das Original zu bedenken? Jawohl, das Aussehen des Menschen wäre ohne den Spiegel gewiß ein anderes. Der Spiegel übt eine drastische, das Original verändernde Wirkung aus. Ich habe diese Wirkung gründlich erforscht und bin dadurch in den Stand gesetzt worden, die Ursache in ihrer Energie vielfach zu intensivieren. Alle Empfindungen sind die spiegelhaften Reflexe unserer eigenen Projektionen. Und wer in das Geheimnis dieser Reflexion nicht nur optisch, sondern auch akustisch, osphresiologisch, in jedem Sinne, bis in das Getast eingedrungen ist, der vermag durch die erhöhte Wirksamkeit des Reflexes das Original selber zu ändern. Das ist mir gelungen. Das erst ist meine eigentliche Erfindung, mit der ich euch vertraut machen möchte.»

Melitta, in einer bangen Ahnung, widerriet diesen versucherischen Versuch. Aber der Alte und Bolko ließen nicht locker, bis sie ihre Zustimmung gab. Im Spiegel verschmolzen jetzt Melitta und Bolko zu wundersamer Vereinigung in einem Geschöpf, das, in sich selber hin und her schwingend, bald mehr Bolko, bald mehr Melitta zu sein schien. Der Alte drehte ein paar Schrauben am Apparate und bewegte ein paar Griffe. Melitta seufzte tief auf, sie näherte sich, wie magnetisch angezogen, dem Bolko. Ein sonderbarer Angstschrei aus zwei Kehlen rann in einen Wonnelaut zusammen. Die völlige Vereinigung der Liebenden in einem einzigen Leibe ereignete sich vor den Augen des entzückten Alten. Die Kleidungsstücke des vormaligen Paares bildeten eine grotesk entstellende Verwirrung. «Meine Kinder», sagte der Alte, «werdet ihr mir vergeben, wenn ich euch eine (vielleicht aber für euer Heil nicht nur nicht schlimme, sondern notwendige) Verlegenheit eingestehe: ich kann euch nicht mehr trennen.» «Himmlisch!» rief die Gestalt, von der es unbestimmbar bleibt, ob sie Melitta oder Bolko heißen darf. Die glücklichste Vermählung war vollzogen, eine unter Menschen unerhörte Hochzeit. Aber *wie langweilig* war die Brautnacht, welche darauf folgte! Die gegenseitige Begierde ist nett neutralisiert, wenn man in der Tat *eins* geworden ist. Gibt es keine eigentliche Wollust der Vereinigung, so gibt es aber dafür auch keinerlei Schrecknis der Entzweiung. –

Der alte Vater erfreut sich des gehorsamsten Kindes. Großvaterfreuden sind ihm freilich versagt. Sehr lachten die drei oder vielmehr zwei über die Formalitäten des Polizeiausweises und des Standesamtes. Der Fall war einzig, er kam vor den Reichstag. Der ärztliche Sachverständige, Herr Dr. Wilhelm Gließ, behauptete, das Geschlecht dieses neuen Hermaphroditen wechsle ähnlich ab wie die Phasen des Mondes; er sei bald Bolko, bald Melitta. Die Bürokratie verzichtet gern auf solche Nuancen; man fertigte für Bolko den Totenschein aus, und der Alte freute sich wie ein Kind mit seinem Kinde.

DER GUT BRONZIERTE FLOH

Eine Rokoketterie

Honestus hatte eifersüchtig aufgequietscht, und die Marquise lächelte wohlgemut. Indem trat der König selbst ein. Se. Majestät trugen ihr Embonpoint huldvollst vor sich her. Sie setzten sich an den golddurchbrochenen Marmortisch und beliebten, zum Verdruß des Honestus, mit der Marquise zu scherzen. «Sie waren Milchmagd, Madame, bevor ich die Gnade hatte, Sie schön zu finden. Ist der Marquis (Honestus war gemeint) zufrieden?» Honestus knirschte mit den Zähnen, preßte seine Lippen fanatisch zusammen, sprang auf, verbeugte sich: «Vollkommen, Sire!» Der König sagte: «Überhaupt Milchmägde. Ich bin kein Schwärmer, aber ich finde doch, gerade Milch fasziniert die erotische Phantasie. Wie erstaunlich! Eine flammende Begierde durch sanfte Milch entzündet. Honestus allerdings (der König feixte ordinär) trinkt nicht mehr kuhwarm.» (Honestus war Viehknecht gewesen, bevor er das Marquisat erhalten hatte.) «Ich hole mir», beteuerte der König, «meine Geliebten am liebsten aus Kuhställen. Dieses Beieinander von Anmut und Mist, Mädchenduft und Dünger, Milchweiße und Kot durchdringt sich in meinem Herzen zu einem innigen Zusammen. Ich fühle mich göttlichirdisch, König und Bauer in einem. Ich herrsche, ich unterliege, ich berausche mich in diesem Vergessenkönnen des Ranges unter doch so souveränen Gefühlen... Wissen Sie einen Mann für Toinette, Honestus?» «Geben Sie sie einem echten Kuhhirten, Majestät!» «Seht! Er hält sich bereits für unecht, und gewissermaßen irrt er sich nicht. Ich verändre die Natur. Ich wollte nur, Honestus... das ist aber ein heikeler Punkt...» er lachte: «buchstäblich ein Punkt, Honestus. Ich würde ihren Gemahl zum Herzog machen. Sagen Sie mir, Marquis: ich geniere mich, aber es muß erwähnt werden; es gibt dort nur allzu echtes Ungeziefer.» Er lüpfte sein Knie. «Ich bin zerstochen. Miniaturattentate, niedliche Majestätsbeleidigungen.» «... Insektenpulver, Majestät...» «Mäßiger Geist, Honestus! Mangel an Erfindung! Wünsche graziöseres Auskunftsmittel.»

Die Marquise girrte ihr Trillerlachen: «Mir fällt etwas Amüsantes ein. Es gibt goldenen Puder; man sollte das Insektenpulver damit durchmengen!» «Göttlich, Marquise!» rief der König, er freute sich und kniff ihre Wangen, worüber Honestus fast auffuhr. Des Honestus Eifersucht vergnügte den alten dicken König, der den Honestus in der komfortablen Zelle des Hoflebens wohlgefangen wußte. Gab es etwas Angenehmeres? Man verführte die Bräute der Hirten und polierte dann die verliebten Pärchen bis zum blanksten Adel. Man umgab sich mit reizenden Körpern, welche die echt feudalen beschämten, meistens illegitim vom Uradel abstammten und papageienhaft den zeremoniellen Jargon reden lernten; unterlaufende Vulgarismen trugen zum Entzücken des königlichen Wüstlings bei.

Honestus gefiel sich in einem Racheakte, der, wie alle Akte dieses gezähmten Tieres, von boshafter Harmlosigkeit war. Anstatt Insektenpulver golden zu bronzieren, verpulverte er den goldenen Mehlpuder seiner Dame allenthalben im Stall; ja, er unterstand sich, die schöne Toinette damit sorgfältig zu überstäuben, nicht nur ihren stoffenen, sondern auch den rosigweißen Rock, den sie von der Natur hatte. Toinette ließ es sich nicht ungern gefallen. Die beiden schäkerten kräftig; ihr Zusammensein artete fast in ein Schäferstündchen aus.

Als der König Toinetten aufsuchte, war seine erste Frage: «Hm? Insektenpulver?» Und als es bejaht wurde, fragte er: «Goldenes?» «Echt goldenes», antwortete der hübsche Mund. Aber davon konnte sich bald der ganze Hof überzeugen.

Schon am nächsten Tage verzog die Königin bei der Tafel ihr Gesicht so schmerzlich, daß alles erschrak. Alle Hofdamen, voran die alte Oberzeremonienmeisterin, umflatterten die hohe Dame. Diese tat einen kleinen Schrei und flüsterte der Alten etwas ins Ohr. «Oh! Oh!» machte diese und beäugelte die Königin ängstlich suchend durch ihre Schildpattlorgnette. Da sah man plötzlich aus dem Busenlatz der Majestät sich eine zarte goldene Staubwolke erheben: drei goldene punktartige Wesen sprangen auf die weißdamastene Tischdecke und hüpften blinkend zwischen Kristallen und Metallen umher. Es begann eine komisch zeremoniöse Jagd nach dem unbegreiflichen Etwas. Der König saß, vor Lachen außer sich geratend, still. Honestus stierte, die Schadenfreude verbeißend, seine erschrockene Marquise an. Zwei der goldenen Punkte färbten bereits das Tischtuch schwarzgoldrot. Allein der dritte sprang munter zur Königin zurück und verschwand wieder unter deren Busenlatz. Das arme königliche Weib flog auf und mit dem Schwarm der Hofdamen in ihr Boudoir.

Die Herren, mit Ausnahme des Königs und Honestus, sahen sich verstört und verwundert an. Der König schrie vor Lachen: «Das hast du famos gemacht, Marquis. Aber du hast wohl schlechtes Insektenpulver genommen? Das Zeug lebt ja noch.» Honestus zuckte die Achseln. «Soll ich dich selbst bronzieren lassen, Honestus, wie jenen Bengel, der zu katholischen Prozessionszwecken in der Renaissance daran starb?» –

Die Flügeltüren öffneten sich. Die Damen erschienen wieder. Eine Kammerzofe präsentierte hinter der Königin auf elfenbeinernem Tablett einen winzigen goldenen Fleck. Die Königin ließ den gut bronzierten Floh vor den König hinsetzen. Das Tierchen war vom Hofmechaniker mit einem spinnfadendünnen silbernen Seidenfaden an einen kleinen Ebenholzpflock auf der Elfenbeinplatte befestigt worden und tanzte nun unter der durchlauchtigsten Nase seine pikanten Sprünge. Der Hof erstarb in ehrfürchtigem Schweigen, während Majestät das juwelisierte Tierchen in gnädigen Augenschein nahm.

Und was war die Folge? – Goldbronziertes Ungeziefer wurde hoffähig – nicht allein hoffähig, sondern es war direkt unfair, sich keines zu halten. Ja, schließlich trug man es in irgendeiner Sicherung am Leibe; die Damen im Haar, am Ohrring, Armband, Fächer; die Herren am Knopf, am Degen, im Jabot. Flöhe, Läuse, Wanzen in Gold, Silber, Kupfer und anderen Edelmaterien wurden dernier cri. Man sah die Königin nie mehr ohne Goldfloh. Toinettens Stall war das Quellmagazin der Brikabrakmenagerie. Diese kuhmagdliche Mätresse heiratete später den geherzogten Schweinetreiber Jacquesjean. Ihr Brautkleid war mit diamantengepuderten Flöhen gespickt. Ihr Geschlecht aber führt ein Tierchen im Wappen, das jedes zarte Schamgefühl unbedingt beleidigt; es bleibe ungenannt; es genüge die Andeutung, daß der König mit Beziehung darauf im groben Munde seines Volkes als der dunkelgrau Gesalbteste fortlebt. Übrigens sticht ein springlebendiger Goldpunkt gegen eine liebliche Frauenwange wie das feinste Schönheitspflästerchen ab. Versuchen Sie's, reizende Leserinnen!

DIE KUNST, SICH SELBER EINZUBALSAMIEREN

Mein Haus war abgebrannt und nicht versichert gewesen. Als ich nach meiner Bank ging, hatte dort schon jemand statt meiner mein ganzes Guthaben für sich abgehoben. Auf der Post nahm ich drei Telegramme in Empfang. Im ersten stand der Tod meines besten Freundes, im zweiten enterbte mich mein Großonkel, weil er wieder heiratete; nebenbei gesagt, meine letzte Möglichkeit, jemanden zu beerben, war damit höchstwahrscheinlich verschwunden. Aus dem dritten Telegramm erfuhr ich den plötzlichen Tod meiner Braut.

Ich stand nun, da Eltern und Geschwister mir längst gestorben waren, mein Freund soeben mich verlassen hatte, desgleichen meine liebe Braut, und ich meinem Großonkel von Herzen fluchte, mutterseelenallein auf der Welt. Das passiert ja so manchem. Aber mir war es doch allzu gut ergangen; ich hatte mich an das gemütlichste, behaglichste Leben gewöhnt. Und nun? Mein ganzer Besitz bestand in dem, was ich auf dem Leibe trug; in meinen Taschen steckten etwa fünf Mark und ein paar Pfennige. Schulden bedrohten mich überdies, und zum Kampfe ums Dasein fühlte ich mich nicht im mindesten fähig. Dabei war ich ein dicker, schöner, blonder Mann mit Bonvivantmiene, und mein angeborenes Stilgefühl verbot mir den mimischen Ausdruck der Verzweiflung, welche sich meiner bemächtigte. Trotzdem muß etwas davon sichtbar geworden sein, denn mir begegnete folgendes: Ich beschloß, eine Art Henkersmahlzeit einzunehmen, und wählte, um mit meinem letzten Gelde auszulangen, ein mittleres Speisehaus. Ich hatte nicht sobald einen Teller Suppe vor mir, als ich mich mit einer sonderbaren Teilnahme fixiert sah. Ich aß außergewöhnlich langsam; zwischen Löffel und Löffel machte ich lange Pausen voller Nachdenklichkeit. Vielleicht war das dem dürren, langen Herrn mit Magistergesicnt am Nebentische aufgefallen. Jedenfalls begegnete ich seinem merkwürdigen, sich tief in meine Augen einbohrenden und sie gleichsam zwangsweise festhaltenden Blicke. Während der nächsten Gänge gerieten wir öfter und öfter in dieses eigentümliche Duell. Bis ich – was hatte ich zu verlieren? – es müde wurde und einfach fragte: «Was wollen Sie?» Er meckerte und hüstelte ein entschuldigendes Lachen: «Es ist nicht so ganz einfach, das zu erklären. Würden Sie mir gestatten, mich zu Ihnen zu setzen? Oder darf ich Sie bitten, an meinem Tische Platz zu nehmen?» Mir war dieser Zwischenfall eigentlich willkommen; er lenkte mich wohltuend von meiner fruchtlosen Grübelei ab. Ich bat den Alten, da nicht ich von ihm, sondern er von mir etwas zu verlangen schien, an meinen Tisch. Er kam, in einer etwas zitterigen Hand ein Glas Wein haltend, auf mich zu, setzte sich mir gegenüber, nippte am Getränk, machte aber noch keine Miene, sich auszusprechen. Wir beschäftigten uns ein paar Minuten schweigsam mit unserm Mundvorrat. Endlich fragte ich: «Fällt es Ihnen denn so schwer, mir anzuvertrauen, weswegen ich Sie interessiere? Lassen Sie doch hören!» «Nein», antwortete er, «aber mein Interesse hat einen verwunderlichen, einen delikaten Grund. Es wird mir durchaus nicht leicht, meine natürliche Reserve aufzugeben. Ich komme mir bereits zudringlich, ja unverschämt vor, daß ich mich nicht nur tief in Sie hineinversetze, sondern sogar im Begriffe bin, Ihnen meine intime Kenntnis Ihrer seelischen Verfassung zum besten zu geben. Ich habe am Aussehen der Mitmenschen ein ganz spezielles, ich möchte wohl sagen... materielles Interesse, welches ich Ihnen sogleich spezifizieren werde. Aber zunächst einmal: Sie sind so gut wie verzweifelt – o verzeihen Sie! Aber ich sah es; ich sah es so klar, wie ich Ihr Antlitz sehe.» «Das können Sie nur vermuten», sagte ich mißmutig und resigniert; «es sei denn, Sie wüßten um gewisse Angelegenheiten und kännten mich, ohne daß ich Sie kenne.» «Auf Ehre, nichts dergleichen! Es ist eine physiognomische, näher pathognomische Konstatierung, und diese fällt mir leicht, weil ich durch mein Interesse aufgefordert bin, mich hier nicht zu irren.» «Na also – was ist denn das für ein Interesse? Befürchten Sie nicht, mich zu verletzen. Ich kann allerdings mit dem Dichter sagen: Was auch geschehn, das Schlimmst ist mir' geschehen.» «Stand für mich, beim ersten Blick in Ihr Gesicht, auf Ihre Haltung, außer Frage.» «Wirklich! In der Tat glaube ich doch nicht, meine Seele so zur Schau zu tragen; sogar wehre ich mich absichtlich dagegen.» «Und gerade diese Gezwungenheit ist verräterisch – wenigstens für mich.» «Sie überspannen meine Neugierde. Bitte, legen Sie los, oder ich zahle und gehe.» Diese Drohung wirkte sofort. Er erklärte sich: «Mein Blick ist interessiert zugespitzt für Menschen, welche sich dem baldigen Tode unwillkürlich oder absichtlich nähern» – er schraubte seine Augen in die meinigen; es überrann mich unheimlich. Es wurde mir in demselben Augenblick bewußt, daß ich meinen Selbstmord dunkel beschlossen hatte. Ich verlor alle Haltung und gab mich meinem schauderhaften Gegenüber preis. Ja, ich griff nach seiner Hand, drückte sie und fragte, zu meinem eigenen Widerwillen, hastig: «Wollen Sie mir helfen?» «Gewissermaßen! Ah, hören Sie! Ich will Ihnen ein Mittel geben, sich zu erhalten, zu... konservieren. Verstehen Sie, Ihr Leib soll nicht zerstört werden. Sie werden das Ehrenrecht der erlauchtesten Persönlichkeiten genießen. Bedenken Sie! Blühend wie immer; wenn Sie geschickt sind, ein Lächeln auf Ihren liebenswürdigen Zügen; biegsam, in welcher Pose immer; und, wie ich Sie versichern kann, wohl aufgehoben in heizbaren Räumen, werden Sie, ohne alle Sorgen, einem antiken Gotte gleich, Ihr Dasein, wenigstens rein äußerlich, unangetastet bis in alle Ewigkeit fortsetzen.»

Meine Resignation, als ich diesen irrsinnigen Ausbruch über mich ergehen ließ, erreichte ihren Gipfel. Also der vermeintliche Lebensretter erwies sich als Narr, dessen Gefasel ich gar nicht verstand. Ich beschloß, nicht weiter auf ihn hinzuhören und möglichst rasch zu verschwinden. Er aber entnahm seiner Brusttasche ein rotes Paket, welches er öffnete. Was war das? Es kam eine Metallbüchse in Urnenform zum Vorschein. Er drehte den Deckel ab und ließ mich hineinschauen. Ich sah ein Puder von violetter Farbe. «Was bedeutet das?» fragte ich. «Es ist ein blitzartig tötendes Gift, welches aber die erstaunliche Eigenschaft hat, jedes Lebewesen, von dem es eingenommen wird, sofort zu mumifizieren, einzubalsamieren, in alle Ewigkeit unverweslich, ja, unverbrennbar zu machen. Leider, da es eben absolutes Gift ist, darf ich mein Patent nicht zur Anwendung auf Menschen bringen; es sei denn, daß ich präsumtive Selbstmörder prognostisch ausfindig mache, welche sich lieber einbalsamieren als ordinär ums Leben bringen. Übrigens halte ich unter meinen Kunden auch ein paar Monarchen (der heimliche Monarchenselbstmord nimmt erschrecklich überhand), deren diskrete Empfehlungsschreiben ich Ihnen vorweisen kann.» – Diese Narretei machte mich fast lächeln. Ich beschloß, ihn in die Enge zu treiben: «Warum nannten Sie Ihr Interesse materiell? Glauben Sie vielleicht, ich hätte Ihnen ein Vermögen zu bieten? Ich muß Sie enttäuschen.» «Bewahre!» sagte er, «das ist keine Enttäuschung – im Gegenteil! Sie sind mir nur desto sicherer in Aussicht. Ich selber bin sehr reich. Mein Interesse ist deswegen dennoch materiell, weil ich Liebhaber bin, Leichensammler, Inhaber eines wohlassortierten Museums von herrlich konservierten Selbstmörderleichen. Wollen Sie mitkommen? Ja? Wollen Sie selber sich Ihren Stand- oder Sitz- oder sogar Schwebeplatz bestimmen? Ferner Ihr Kostüm? Ihre Haltung? Ich veranstalte eine kleine Feier, und zur Krönung des Festes balsamieren Sie sich dadurch ein, daß Sie dieses Pulver hier, in Champagner aufgelöst, hinunterschlucken. Bis dahin sind Sie mein Protégé, ich sorge väterlich für Ihre Wohlfahrt, bis zur Feier, deren Termin ich bestimme.» «Und Ihre Bedingung?» fragte ich, bereits suggestiv umnebelt. «Wie gesagt, Sie vermachen mir, zu Museumszwecken, Ihren Leichnam.» Er breitete wirklich ein schon vorgedrucktes Formular vor mich hin. Was blieb mir übrig? Ich füllte es präzis aus und unterschrieb. Er steckte den Schein in seine Brieftasche. «Nun gehören Sie mir», rief er frohlockend. «Gestatten Sie mir, daß ich meine Protektorrolle sofort übernehme.» Damit zahlte er die Zeche für uns beide, zog meinen Arm durch seinen und lustwandelte mit mir seinem Hause zu, in dem sich auch das Museum befand. Es waren etwa sechs Säle voll totem Leben, mit unglaublichem Raffinement in Szene gesetzt. «Gute Regie – was?» lobte der Alte sich selbst. Aber mit Grund. Im ersten Saale war eine elegante Ballgesellschaft aus lauter Toten, vom jüngsten Backfisch, Jüngling bis zu den greisen Balleltern und Mauerblümchen; nebst bedienenden Kellnern und Zofen. Der zweite Saal zeigte Variété mit entzückenden Arrangements; eine kleine Nackttänzerin zum Verlieben lieblich. Der dritte Saal wies mittleres Bürgertum aller Schattierungen in jovialen Gruppen auf. Der vierte allerhand Proletariertypen. Der fünfte bestand aus Kindern vom achten Jahre bis zum sechzehnten; sie schienen zu spielen; die einen graziös und vornehm, die andern gewöhnlich. Der sechste Saal endlich enthielt ein Bacchanale, eine Orgie mit Intimitäten aus Brautgemächern und Schreckenskammern. Noch nie hatte ich den Tod ein solches Leben atmen sehen. Es war völlig ein negativer Friedhof.

«So!» sagte der Alte und faßte mich um die Hüfte; «heut' schreiben wir den 10. August 1917. Unsere nächste Feier (wir sind eingetragener Verein) findet am 16. September anni currentis statt. Bis dahin leben Sie bequem bei mir und haben Zeit, sich Ihren Platz, Ihre Attitüde, Ihr Kostüm auszuwählen. Sie passen, denke ich» ... er musterte mich nachdenklich... «am besten in mein Variété, nicht wahr?»

Welches Dasein! Ich kleidete mich in Sonnen, gürtete mir die Milchstraße um! Welche Kraft! Ich bin ein elektrisches Fluidum, durchsternt ätherisch. Frucht, Frucht auf allen meinen Himmelsbahnen. Schwingung, Sehnen, Erfüllen. Ich riesele von Licht, ich bin überall, immer, alles in allem... Eines Nachts gegen eins – ich schlief im Umfange eines Planetensystems – höre ich in einem meiner Myriaden Ohren (meine Lokalisationsreflexe funktionieren exzellent) mich flehentlich genannt werden, in einem hinsterbenden Seufzer, den ich aber doch für eine Frechheit hielt: «Mein Seelenbräutigam!» Wie wurde mir so übel! War ich, aus Versehen, in irgendeiner meiner parties honteuses verlobt? Trotz dem scharfen Sicherheitsdienst meiner kosmisch trainierten Organe? – Und nochmals ertönte, hinsterbender noch, jener impertinente Anruf: «Mein Seelenbräutigam.» Da riß mir die Geduld. Ich orientierte mich dynamisch – und siehe da, auf irgendeiner Winkelplanetenoberfläche stand eine in Abteilungen dividierte Kiste, «Haus» genannt. In einer der Zellen dieses Hauses lag, auf einer dürren Pritsche, ein kleiner Gegenstand von länglicher Form, wenig mehr als ein Meter lang, aber nur etwa ein Drittelmeter breit und noch weniger dick. An dem einen Ende seiner Länge saß etwas Kugelähnliches, fast ganz mit einer strahlenartigen, fadenförmigen, blonden Masse bedeckt. Der Teil der Kugel, welcher frei von dieser Masse war, enthielt eine Art Loch von rötlicher Färbung. Inwendig in diesem Schlunde saß ein kleiner roter Körper, der sich gegen kleine elfenbeingelbe Stückchen bewegte und dabei die Töne hervorbrachte, welche mich in meiner Himmelstrunkenheit so sehr gestört hatten: «Mein Seelenbräutigam!» erklang es wieder. Dabei zuckte der ganze längliche Apparat in der wunderlichsten Weise. Ja, seine Länge richtete sich halb aufwärts im rechten Winkel zur unteren, und ich bemerkte jetzt erst, daß die untere Länge in zwei zylinderartige Formen gespaltet war, und daß an der oberen Länge ähnliche, nur kleinere dünnere, Längskörper zum Vorschein kamen und seltsam ausgespannt wurden. – Dieses sonderbare Ding, obgleich es mich ja gar nicht wahrnehmen konnte, nannte mich also Bräutigam. Nicht genug aber damit! Über dem kleinen Schlunde saß ein bleicher Gipfel, Giebel oder Vorsprung, und über diesem rechts und links zwei kleine glatte, bläuliche, eigentümlich rollende Kugeloberflächenteile. Die Töne, mit denen es mich Bräutigam nannte, gingen in eine ganz andere, widerwärtig quietschige Lage über, und zugleich sickerte aus dem Giebel sowie aus der Umgebung jener bläulichen Globen eine tropfenartige helle Flüssigkeit. Der eine obere Längskörper drückte eine weiße, lappenartige Substanz dagegen und auf den Schlund, so daß nun die Töne ganz dumpf hervordrangen. Damit aber noch nicht genug, – das ganze corpus streckte sich senkrecht in die Höhe, bewegte sich auf den unteren getrennten Längskörpern von der Pritsche und fiel dann mit einem ziemlich lauten Geräusche um, etwa ein dutzend Mal «Seelenbräutigam» ausstoßend. Dabei nahm ich die mir bis dahin verborgene Seite des Blockes wahr, nämlich diejenige, worauf er gelegen hatte; sie unterschied sich, wie es schien, wenig von der entgegengesetzten. Es fiel mir nur auf, daß zwei buckelartige Erhöhungen auf der einen Seite oben, auf der entgegengesetzten dagegen unten angebracht waren. Die Seitenflächen, einander ähnlich, waren viel schmäler. Ich behorchte und auskultierte nun diesen Körper und fand ihn von einem kurztaktigen Rhythmus erschüttert. Wie aber käme eine Uhr dazu, statt die Stunde zu schlagen, mich Bräutigam zu rufen?! Echtes, eigentliches Leben, das wußte ich, hatte niemand als ich allein. Es war also offenbar einer meiner magischen Reflexe und Echos, wodurch ich hier gleichsam Schabernack mit mir selber trieb. Diese Art treffe ich mitunter auf Planetenoberflächen; fühle mich unangenehm, ungezieferhaft davon berührt. Eine Sekunde später erblickte ich aber einen sehr ähnlichen Körper, dicht vor der «Hauskiste». Dieser Körper unterschied sich von dem anderen besonders dadurch, daß er auch über und unter der schlundartigen Öffnung und zu deren Seiten mit jener faden- oder strahlenförmigen Masse bewachsen war. Diesem Körper spürte ich einen magnetischen Zug zu jenem ersteren sehr deutlich an. Es war mir ein erwünschter Wink, dem Spuk ein Ende zu bereiten. Ich lenkte mit meiner gesammelten inneren Kraft jenen «Seelenbräutigam» tönenden Körper zum Sturz aus der Hauskiste, um ihn mit jenem magnetischen Körper zu vereinigen. Tatsächlich fiel der Körper sehr geschickt mitten auf den anderen hinab. Beide Körper gerieten dabei aus der senkrechten mehr in die horizontale Lage, worin sie nur noch ein einziger zu sein und innigst aneinander zu haften schienen. Die verdammten Seelenbräutigamsgeräusche hörten sofort auf, wurden aber durch mir viel sympathischere, mehr schmatzige und zietschende ersetzt. Ich will mir dieses Mittel merken, falls noch einmal sich ein länglicher Körper für meine, der Seele, Braut halten sollte. Überhaupt Körper! Sie stören mich sonst nicht, aber wenn sie nicht ehrlich Körper, sondern lebendig, wohl gar liebevoll tun wollen, sind sie mir, ich kann es nicht zu Ende sagen, wie schauerlich, ekelhaft, tödlich zuwider. Glücklicherweise vermag ich sie, wie im besagten Falle, durchaus wieder zu mechanisieren. Denn ich bin das elektrische Fluidum, durchsternt ätherisch. Frucht, Frucht auf allen meinen Himmelsbahnen. Ich riesele von Licht. Ich allein, ich allein bin die Seele, und die Körper tönen mich nur wider und sind auch dann nur Körper, wenn aus ihrem lächerlichen Schlunde Seelenlaute zu dringen scheinen.

Warum bin ich denn immer so traurig? Warum nur? Ich kann es nicht herauskriegen – ach! Das macht mich ja noch viel trauriger. Nun gewiß, es passiert mir zweifellos viel Schlimmes. Ich verlor vor Jahren meinen guten Vater, meine – na, gut war sie nicht – meine schöne Mutter. Nein! Wer das Wort Mutter ausspricht, ohne... ich will nicht sagen Tränen, aber ohne *Zähren* zu vergießen, auch der macht mich unsäglich traurig!

Oft rät mir mein guter Geschmack an, wie die edlen Japaner, meine Trauer unter einem Lächeln zu verbergen, das sicherlich schon manches Herz zerrissen hat, z.B. das der wunder...... wundernetten Berta v. Pommchen. Es war nach dem Mittagessen, wir gingen in den strahlenden Garten, und in der Gitterlaube mit schattigem Licht gestand ich ihr voll unsagbarer Trauer meine....... jetzt wird man denken: *Liebe*. Nein, bloß meine unbesiegbare innere Verdüsterung, die mich verhinderte, mich in Liebe jemandem anheimzugeben. Und um das gute Mädchen nicht unglücklich zu machen, lächelte ich. Ich lächelte in einer so erschütternden Weise, daß Frl. v. Pommchen aus der Laube lief, und nebenan hörte ich sie zum Gärtner sagen: «Walter, haben Sie vielleicht einen Nußknacker bei sich?» – Gott, was die lieben Mädchen Schelmerei aufbringen, um einem Schwermütigen eine frohe Sekunde zu machen. Der alte Herr v. Pommchen sagte mir: «Heigeratet! mein Lieber, das heilt alle Junggesellengrillen – weiter ist das ja nichts.» Und Frau v. Pommchen sah mir so – – – – – so traut, so unwiderstehlich traut ins Gesicht und sagte dann gar nichts und rief nur Berta und ließ uns allein. Kinder, was war das eine Trauer – so wie wenn Sie immerfort einem uralten Bettler in sein lebenswundes Auge blicken müßten, das nicht mehr auf die Münze sieht, weil die tastende welke Hand inzwischen sehen gelernt hat. Dann Verlobung – na, warum weint man nicht noch viel mehr bei Verlobungen? Warum blieb Bertas Auge so beleidigend trocken, während meines schwamm? Die Erinnerung macht mich seufzen. Dann Heirat. Das Kind. Wie hab' ich beim (für andere so seligen) Momente der Erzeugung dieses Kindes mich, laut aufzuweinen, nicht entbrechen können! Des Kindes erstes Schreien betaute ich mit Tränen, die gleichsam noch naß sind. Geweinte Diamanten – so wahr ich lebe und ungesund bin! Ich habe viel Schlimmes durchgemacht, aber meiner Trauer komme ich nicht auf den feuchten Grund. Wie viele erleben noch Schlimmeres und grämen sich nicht halb so sehr, während mich auch die heitersten Ereignisse womöglich noch tiefer verstimmen als die trübsten. Woran mag das liegen? – Ich habe für meine Trauer keinen Grund, sie ist ein Abgrund, in dem mir mein bißchen Leben versinkt. Ich will noch mehr sagen: meine Tränen fließen nicht um Leid oder Glück, das ich erlebe, sondern sie fließen um nichts Feststellbares – im Gegenteil! Ohne solche Scheingründe, solche scheinbaren Feststellungen würden Sie mich nicht hier sehen, ich wäre längst in eine Tränenfletsche zerronnen...

Es erging nun von der Sonne aus jener einzige Strom, jene unendlich wundersame Einwirkung. Sie war garnicht mißzuverstehn. Haben Sie die Sonne erlebt, gefühlt, ... gewollt? Die Wirkung der Sonne ist gut, sie ist göttlich, sie ist nicht mißzuverstehen. Und doch!

Und doch wird sie mißverstanden. Sie wird, sofort wie sie sich äußert, mißverstanden. Der Planet macht Tag und Nacht, Aufgang und Untergang daraus. Die einzige Sonne wird zwitterhaft in dieser Wirkung verschielt. Erde, kleines Dorf der Sonne! Welches Wunder, das du nicht spürst, weil du irdisch und nicht sonnig lebst, durchdringt deine Ängste, deine schrecklichen Quälereien! Ist Bildung, Gelehrtheit, Wissenschaft nötig, um Sonne in sich aufzunehmen? Nein, sie ist das Leben selber; wer nicht tot ist, erlebt sie. Dieser sonnige Äther, kraftströmende Duft, energischste Zartheit, göttlicher Anhauch! In welche Teufeleien wirst du von armen irdischen Teufeln, Menschen genannt, hineinverlebt! – Sie ist erhaben über Tag und Nacht, und Tag nur ihre andere Finsternis – sie, beide erleuchtend. –

Wir sind in den Gassen einer Erdstadt, einer Residenz. Goldner Abendsonnenschein flutet in das Fenster Nikanors, eines jungen Mannes, der die Sonne gern bis in sein Innerstes dringen ließ. Seine Seele schwelgte unaufhörlich in Sonnenbädern, sein Leib nicht minder. Schließlich hatte er sich ganz in diese Heliomanie verloren. Den Gesichtspunkt für alles, was er dachte, fühlte, wollte, in der Sonne nehmend, empfand er sogar seinen eigenen Menschen als unterhalb seines Sonnenselbstes, als bloßen Satelliten. –

Er schlug die blaßblaue Gardine zurück und stellte sich in die rote Sonnenglorie. Ein Geriesel lichter Flocken schien sich vor ihm zu verdichten; es nahm Gestalt an. Vor ihm stand in einem matten Schimmern ein Greis, durchsichtig wie aus Licht geronnen. Der Rumpf zeigte undeutliche

Konturen, aber das Haupt strahlte in leuchtender Deutlichkeit, erhaben weise mit beredten Lippen, und die Lippen öffneten sich zu folgender Ansprache:

«Endlich! Nikanor, endlich ist es uns gelungen, einen Menschen ganz für uns zu gewinnen. Endlich ein Mensch, der den Kopernikus nicht nur theoretisch, sondern auch praktisch erlebt und sich, zur Führung seines irdischen Wandels, ganz und gar der Sonne überantwortet.»

Nikanor, voller Freude, sich so wunderbar bestätigt zu finden, wollte begeistert sprechen. «Sprich noch nicht», bat ihn der Greis. «Besuche uns diese Nacht, und du sollst erfahren, was wir mit dir beabsichtigen: um zehn Uhr erwartet dich ein Gefährt gegenüber deinem Hause. Du wirst kommen?» Kaum hatte Nikanor bejaht, als sich die Erscheinung in lichten Dunst auflöste. Die Sonne sank. Nikanor kleidete sich zum Ausgehen an. Also ein Signal, eine Verheißung der Sonne selber! Diese Obmacht aller irdischen Mächte wollte sich endlich mit der Ohnmacht des Geistes verbinden, der brutalen anscheinenden Übergewalt der geistlosen Mächte die echte Oberhoheit entgegenstellen. Gelang es, dem Geiste Tatkraft, der Tatkraft Geist zu geben: – gelang es, die Sonne des Geistes unmittelbar auf die materiellen Energien einwirken zu lassen, so hatte alle irdische Not ein Ende. Der Geist, mit der Sonne im Bunde, ist reich genug, um ein verschwenderisches Leben über die Erde auszugießen.

Gegenüber dem Hause sah Nikanor, als die Uhren zehn Schläge taten, einen Wagen halten. Er begab sich hinunter. Der gewöhnlich aussehende Kutscher, ihn kommen sehend, zog, vom Kutschbocke aus, die Tür mit einem Griffe auf und ließ die beiden braunen Pferde sofort anziehen, als wollte er Nikanorn jedes Wort abschneiden. Nikanor schwang sich in den Wagen. Es ging, etwa zwanzig Minuten lang, durch ein Gewirr von Gassen, der Peripherie der Stadt auf ein besseres Villenviertel zu. Der Kutscher hielt vor einem kleinen Hause mit grünlicher Holztür. Nikanor stieg aus; der Kutscher fuhr wortlos ab, und sofort öffnete sich die Tür. Ein junger Mann empfing Nikanorn. Er führte ihn, über eine Art Diele, nach einem Raum, in dem sechs oder sieben Männer auf Sesseln Platz genommen hatten. Beim Eintreten Nikanors erhoben sie sich von ihren Sitzen und begrüßten ihn stumm; der junge Mann hatte sich entfernt.

Gegen elf Uhr öffnete sich eine bis dahin unbemerkte Tapetentür, und herein schritt jener Greis, jetzt vollkommen sichtbar, ein weiser Alter, gekleidet wie ein zivilisierter Mensch in Schwarz mit weißer Wäsche. Auf Nikanorn zuschreitend, begrüßte er ihn lebhaft und drückte ihm die Hand; seine Augen von allwissender Klarheit leuchteten erfreut: «Es ist schön, daß Sie gekommen sind! – Meine Herren», wandte er sich an die andern, «ich möchte jetzt nicht länger zögern, Ihnen den Plan vorzulegen. Es handelt sich dieses Mal um einen Eingriff, der vielleicht trotz allem einiges Aufsehen erregen könnte. Wir werden zwar keine eigentliche Katastrophe herbeiführen; sie würde ja, wie Sie wohl wissen, zwecklos sein, da wir ja nicht verwirren und betäuben, sondern ordnen und erwecken wollen. Aber immerhin! Leicht vergreift man sich hier in der Wahl des Mittels. Ich beabsichtige jetzt eine vorsichtige Neuregulierung.

Wie Sie wissen, haben wir diese Leute zu lange schon sich selbst überlassen. Die Sache hier schlottert und schielt bedenklich. Man könnte ja natürlich katastrophal eingreifen. Vielleicht gelingt es aber doch, indem man die Zügel straff anzieht, die Leutchen zur Raison zu bringen; das scheint mir eines Versuches wert!»

«Wie meinen Sie das?» fragte Nikanor.

«Meine Herren! Ich habe unseren Nikanor herkommen lassen, weil wir ja längst schon auf ihn aufmerksam gewesen sind. Es ist nicht mehr möglich, diese sogenannten Oberen hier in unseren Rat, ob auch noch so geheim, einzuweihen. Diese Menschen sind wackere Dorfschulzen, nichts weiter. Wir haben ja auch seit Immanuel Kant unser Augenmerk auf diejenigen gerichtet, welche mehr sonnig als irdisch sind und ihre irdischen Angelegenheiten strikt von der Sonne aus betreiben. Sie wissen aber, wie schwer es uns geworden ist, nach und nach mit Nikanor ins Einvernehmen zu gelangen; er scheint auch jetzt noch nicht einzusehen, was ich meine. Nikanor, Sie wissen, daß die Sonne nie irrt?»

«Gewiß!» bestätigte Nikanor.

«Die Sonne ist unfehlbar, sie ist richtig, sie lügt nicht im geringsten. Und gerade darum führt die Äußerung eines so erlauchten Wesens in ein Labyrinth von Mißdeutungen, z. B. von Menschen. Denken Sie, Nikanor, was einem Kreis geschehen müßte, wenn dieser eines schönen Tages sein Zentrum – zwar nicht verlöre, aber vergäße. Wie würde er sich verzerren, sich selber karikieren. Kurzum, wir beschließen, den Kreis der verfahrenen menschlich-irdischen Angelegenheiten aus seiner Verschrobenheit rein wiederherzustellen, indem wir die Erinnerung ans Zentrum, an die Sonne, wieder wachrufen. Wir werden Sternheilkunde, Sternorthopädie betreiben müssen, wir Ärzte der Erde, und Sie, mein lieber Nikanor, sollen hierbei eine gewisse Vermittlerrolle zwischen uns und den Menschen übernehmen – Sie sind bereit?» «Soweit ich irgend kann.»

«Gut denn. Folgen Sie mir!» – Man begab sich in einen riesigen weißen Raum von elliptischer Form. Er war fensterlos und auf eine unerkennbare Weise künstlich beleuchtet. In der Mitte schwebte vollkommen frei eine Art Gestänge mit Hebelwerk. Aus einer metallenen Kapsel, welche darin hing, zuckten von Zeit zu Zeit feuerfarbene Radien von unregelmäßiger Form. Zuweilen spaltete sich die Kapsel auseinander, wobei die Strahlen sich noch krauser verzerrten. Es befand sich in diesem Raum nicht das allergeringste Möbel. Aber man erfreute sich einer sonderbaren Leichtigkeit der Glieder; man hatte das Gefühl zu schweben, das eine Müdigkeit gar nicht aufkommen ließ. «Nikanor», sagte der Greis, «treten Sie näher. Sie lernen hier, wie man durch das Kleine das Große regiert. Diese Kapsel steht mit dem Erdzentrum in einer so genauen Funktionsbeziehung, daß, wenn ich die Kapsel willkürlich variiere, die Erde automatisch in einer proportionalen Entsprechung folgen muß.» «Aber auf diese Weise», sagte Nikanor, «könnten Sie ja mit einer verhängnisvollen Leichtigkeit – und ich wundre mich, daß noch kein Unfug geschehen ist – alles Irdische über den Haufen werfen, wie es Ihnen beliebt?» «Nein», erwiderte der Greis, während die übrige Gesellschaft lächelte, «Sie sind aus mehr als einem Grunde im Irrtum. Erstens kann hier nur die sonnenreinste Hand etwas ausrichten, der allerbeste Wille, der natürlich im Gegenteil auf die regelrechteste Ordnung aller Dinge gerichtet ist. Zweitens kann sogar dieser allerreinste Wille nichts ausrichten, wenn er sich nicht eines menschlich irdischen als Vermittler bedient – wir hoffen hierbei auf Sie, lieber Nikanor. Drittens wird es auch diesem Vermittler durchaus nicht leicht, sondern entsetzlich schwer werden und erst nach vielen Übungen und entschlossenster Befestigung im innersten Sonnenselbstvertrauen gelingen, durch diese kleine Kapsel die Erde zu konzentrieren und aufrecht zu stellen.» «Was verstehen Sie unter Aufrechtstellen?» – «Die Erdachse, also die Erde, steht nicht lotrecht, sondern schief zur Ebene ihrer Bahn. Und genau, gleichnisweise gesprochen, um den Winkel, in welchem sie gegen die Sonne geneigt ist, gehen alle Erdangelegenheiten schief.» «Das leuchtet mir intuitiv ein», sagte Nikanor, «obgleich es schwer sein möchte, es begreiflich zu machen.» «Es ist nicht so schwer, doch führt es uns zu weit ab. Wir werden es lieber zu praktizieren versuchen. Ich frage Sie nochmals im Namen aller Anwesenden: wissen, fühlen Sie, daß kein irdischer Wille, ohne den vorangängigen sonnigen, etwas Rechtes ausrichten kann; daß alle rein irdische Betriebsamkeit von Grund aus verfehlt und vergeblich ist? Wenn Sie dies wissen und fühlen, so wollen wir dann danach zu handeln versuchen.» «Ich weiß und fühle es», erklärte Nikanor einfach. Alle Anwesenden gaben ihm die Hand; der Alte umarmte ihn gerührt.

«So wenig», sagte er, «der irdische Wille allein etwas ausrichten kann, so wenig kann es der sonnige allein; sondern der irdische muß ihn vermitteln, ihm helfen. Das ist aber sehr selten. Wir hoffen, Nikanor, Sie können zwischen Sonne und Erde vermitteln.» «Ich möchte mir das gerne zutrauen», versprach Nikanor. «Sie würden erreichen, was noch kein Mensch erreicht hat: Sie würden die gesamte Erde zum Paradies machen. Studieren Sie nun die Kapsel. In diesem elliptischen Saal können Sie sich bewegen, in welcher Richtung Sie wollen, also auch vertikal und diagonal. Sie verspüren auch gewiß die Schwere Ihres Leibes ganz anders, viel mehr von Ihrem Willen abhängig, in den Gliedern als sonst?» «Es ist mir aufgefallen», bestätigte Nikanor. «Nun denn, schweben Sie getrost auf die Kapsel zu!» Nikanor tat es, und es gelang über Erwarten gut. Der Greis begleitete ihn. Die übrigen gruppierten sich schwebend um beide. «Diese Kapsel», erklärte der Greis, «ist, wenn Sie genau hinsehen, in Hälften, gespaltet. Beobachten Sie diese Hälften, und sagen Sie mir, was Sie denken». Nikanor blickte mit gespannter Aufmerksamkeit hin. «Es ist», sagte er nach einer Weile, «als ob diese Hälften einander krampfhaft suchten, als ob bald die eine, bald die andere triumphierte, während sie doch eigentlich harmonieren wollten, welches ihnen mißlingt. Ich bemerke auch, sobald auch nur annähernd eine Zentrierung dieser Gegenseitigkeit stattfindet, daß dann die Radien, welche aus der Kapsel zucken, eine reine Sphäre zu bilden scheinen.»

«Sie haben sehr gut beobachtet. Erkennen Sie aber die Bedeutung?» – «Nicht mit Sicherheit, ich vermute eine Analogie.» «Sie vermuten das mit Grund. Ich habe Ihnen gesagt, daß Sie durch Regulierung der Kapsel die Erde regulieren können. Die Erde ist krank. Ihr System von Gegenseitigkeiten, Hemisphäre gegen Hemisphäre, korrespondiert nicht rund und richtig, weil das Erdzentrum, von den Brennpunkten des Ellipsoids gleichsam gequält, zerrissen, überkreuzt, verschielt wird. Sie sehen die gewaltigen

Zerr- und Quetschkämpfe in der Gegenseitigkeit der Richtungen, in jedem Betrachte, intellektual, im Gemüte und im ethischen Willen. Sie sehen sie in der Natur, in der Kunst und in den menschlichen Beziehungen. Aller dieser Gegenseitigkeit fehlt die Mitte, die Harmonie, das Gleichgewicht, die Balance, das eindeutige Stimmen. Das aber kann nicht von der Erde selbst besorgt werden; es muß, vermittelst einer Transmission gleichsam, eines besten Willens, von der Sonne auf die Erde übertragen werden. Dieser gute Wille sind Sie, Nikanor, dieser Transmissionar; und hier, in der Kapsel, sehen Sie das Übertragungswerkzeug, welches aber nur unter der Bedingung, daß guter Wille sich seiner bedient, präzis funktioniert.»

«Was habe ich zu tun?» – «Konzentrieren Sie sich innerlichst in Ihrem Wesen absolut sonnig, welt-einverstanden. Ergreifen Sie die eine Hälfte der Kapsel, – aber das wird nicht leicht sein!» Vergebens versuchte Nikanor, eine Kapselhälfte in die Hand zu bekommen, Von seinen Händen schien eine stark abstoßende Kraft auszugehen. Sowohl die eine wie die andere Hälfte prallten zurück, wenn er die Hand näherte. «Prüfen Sie sich», warnte der Greis, «vielleicht ist die Begierde, mit der Sie die Hände ausstrecken, zu heftig; vielleicht ist Ihr guter Wille so zitternd, daß gerade dieses Zittern Ihrer Güte die gute Wirkung verhindert. Sie müssen regungslos stille in Ihrem Willen werden!» –

Auf Nikanors Antlitz spielte sich ein Kampf und Krampf ab, auf einmal ward es von einer mystischen Schönheit durchleuchtet. Im selben Moment glückte es ihm, der einen Kapselhälfte habhaft zu werden; sie strahlte sonnenhell auf, indessen die andere in einem finstertrüben Dunkel beharrte.

«Halt!» rief der Alte, «jetzt oder niemals ist die Krisis da. Harren Sie aus! Bleiben Sie in sich selber ganz ruhig; ungeteilt, allein! Warten Sie ab! Die andere Hälfte muß jetzt magnetisch angezogen werden, wenn Sie nicht schwanken. Das aber mag Sie beruhigen; ist erst einmal das echte Komplement beider Hälften erzielt, so kostet es Sie von da an unvergleichlich weniger Anstrengung, Ihren Willen konzentriert zu erhalten. Das erreichte Ziel des Willens hebt zwar nicht den Willen, aber dessen krampfhafte Anspannung auf.» Gleich darauf hatte man die Empfindung einer elektrischen Sensation. Die Kapselhälfte in der Hand Nikanors glühte gelborangen auf; die andere freie Hälfte begann in einem satten Blauviolett zu leuchten; zwischen beiden Hälften zuckte es bald purpurn, bald grünlich hin und her. Ein irisierender Strahlenbüschel loderte von den Kapselpolen aus durch den ganzen Raum. Nikanor stieß einen Schrei der Entzückung aus; er hielt die ganze, runde, volle Kapsel in den Händen, und durch seinen Körper ergoß sich ein Wohlgefühl sondergleichen, eine Wahrheit, welche Wollust war, und zugleich eine Willenstatkraft, welcher nichts auf Erden würde widerstehen können. «Wir huldigen dem ersten Gouverneur der Sonne auf Erden!» Alle Anwesenden waren begeistert und freuten sich mit Nikanor. «Sie lösen das alte Erdregiment ab, die alten Regentenfamilien und Präsidenten. Sie werden der erste... nachhistorische Fürst sein, und, da Ihre Macht nicht Konvention, sondern Natur oder vielmehr Wissen, Gemüt, *Wille* ist, Magier. Sie beherrschen, kraft der Sonne und kraft vor allem der Sonne in Ihnen, die Erde. Wir übergeben Ihnen diese Lokalität.» – Der Jüngling, der ihm geöffnet hatte, erschien auf einen Klingeldruck und reichte Nikanor einen Ring mit Schlüsseln. «Verabschieden Sie sich von uns. Sie werden von der Sonne aus unsere Weisungen erhalten. Die Kapsel nehmen Sie wohl in acht. Sie ist freilich nur ein Insignium; aber der Talisman, die Wappen und Zeichen der Magie des Willens sind wirklich das, wovon die irdische Heraldik nur der karikierende Vor- und Nachspuk ist. Vom Willen mit Kraft begabt, kräftigen sie rückwirkend auch wieder den Willen.» – Man begab sich mit Nikanor eine Wendeltreppe hinauf zu einer Plattform auf dem Dache. Nun ereignete sich etwas Sonderbares. Alle Anwesenden, bis auf Nikanor und den Jüngling, schwanden optisch dahin; lange goldene Garben und Streifen in der Luft zurücklassend, verflimmerten die Gestalten zusehends. Der Jüngling sagte: «Ich bleibe vorläufig noch hier, um Sie in gewisse Äußerlichkeiten einzuweihen. Wundern Sie sich übrigens über diesen heliogäischen Verkehr nicht übermäßig: Der Leib, die physiologischen Funktionen sind nicht so winzig, wie sie für das Auge scheinen; sie sind, dynamisch empfunden, riesenhaft kosmisch, interastral. Der menschliche Leib ist nur die Eierschale, die Puppenhülle des echten, des zwischen Sternen mit leichter Mühe verkehrenden, dessen Schwungkraft Sie bald in Ihnen sich werden regen fühlen. – Sobald Sie jetzt aus dem Hause treten, wird man Sie unwillkürlich erkennen. Lassen Sie sich durch alle diese Sensationen nicht aus der Fassung bringen. Gehen Sie sogleich zum königlichen Schlosse und handeln Sie, wie wenn dieses zunächst Ihr Heim, Ihre Residenz sein sollte.» – Nikanor bestieg draußen eine Elektrische. Mittlerweile war es heller Morgen geworden. Das goldene Frührot eines Sommertages ätherisierte die Luft und alle Dinge in ihr. Aber wie hätten die guten Leute beim Anblicke Nikanors nicht sofort bis zur Angst erstaunen und dennoch einer geheimen Freude teilhaft werden sollen: Nikanor leuchtete und wirkte sofort wie ein sanfter Blitz. Jeder erkannte ihn auf der Stelle und fühlte sich von ihm erkannt. Jeden durchdrang sein Gedanke, sein Blick, sein Wille wie eine unmittelbar wirksame Orthopädie, welche Verrenktheiten, Verschrobenheiten, Verzerrungen rektifiziert. Einem Prisma gleich, das die sonst nur nüchterne Kontrastik von Hell und Dunkel farbig illuminiert zu verstehen nicht nur, sondern lebhaft anzuschauen gibt, zerspaltete er den Gegensatz, aus dem jeder einzelne, ohne es leicht zu merken, besteht, so empfindlich, daß er jeden in eine wohltuende Verwirrung brachte – wohltuend: denn mitten in dieser Gegensätzlichkeit meldete sich in jedem plötzlich das einheitliche Sonnenherz für deren Harmonie. Der böse Wille und Neid, woraus nach Goethe die empirische Welt sittlich besteht, empfing elektrische Schläge heilsamer Natur. Nikanorn gelang es, durch seine bloße Erscheinung die Menschen sittlich zu elektrisieren. Es gibt sonderbare Schlaganfälle. Es gibt Nervenschläge der Gesundung, ja der Unsterblichkeit. Nikanor wirkte pandemisch wie eine negative Pest, eine Rekonvaleszenz sondergleichen. – So begab er sich, dynamisch armiert, mit der Waffe seines Willens allein, welche gefährlicher als jede andere, zugleich aber statt tötend immortalisierend ist, ins kgl. Schloß. Polizisten und Leibwachen, Lakaien, Kammerherren und Diener fuhren vor Nikanorn zusammen und auseinander wie Tiere vor dem Gewitter. Im Kristallsaal fand Nikanor die gesamte kgl. Familie mit dem Kreis der Intimen versammelt. S. M. erschrak vor Nikanorn bis ins innerste Herz, aber dieser tiefe Schreck führte zugleich eine fast ebenso intensive Reaktion mit sich, eine Empfindung, wie wenn Hölle und Himmel zusammengerieten. So sah es im Busen S. M. aus! In einer unwillkürlichen Regung retirierte der hohe Herr zum Thron, aber Nikanor, an ihm vorbei, stieg die Thronstufen empor und placierte sich, während der gesamte Hof mystisch erstarrte, auf dem roten Brokatsitze, der schon so manche königliche Beeindruckungen erfahren hatte. Dann zog er seine zauberhafte Kapsel hervor. Und kaum war das geschehen, als dröhnend und den Erdball durchschütternd eine Katastrophe ausbrach; aber eine Katastrophe der göttlichen in sich gegenseitigen Art, wie Nikanor kraft seiner magischen Sonnengewalt sie allein bewirken konnte. Man sollte nämlich über die Bedeutung von Katastrophen, seien es nun physische, gemütliche oder moralische, sonnenhaft umlernen! Wie die Symptome einer Krankheit zugleich deren Heilmittel abgeben, wenn der Arzt den Winken der Natur folgt, so sind alle Katastrophen Katastrophen der Überführung einer geringeren Harmonie in eine innigere, *wenn* man selber unverbrüchlich harmonisierender Wille, Orpheus in einem nur durch die Formel «Sonne» auszudrückenden Grade ist. Nikanor war dieses. Er zuerst inkarnierte auf Erden einen solchen orpheischen

Sonnenwillen. Daher auch fiel die Katastrophe, die er erregte, sich gleichsam selber in den fürchterlichen Arm. Das Schloß z. B. barst einen Moment lang auf und auseinander, zur uralten Ruine geworden. Um den Thron herum die Hofpersonen, in gräßlich modernde Leichen verwandelt, der König grün bis in sein Gerippe, umgrausten Nikanor. Doch dieser, thronend, aller Sensation geistesgegenwärtig überlegen, wartete unerschüttert ab. Und siehe da! Die Gegenkatastrophe, die «Antistrophe», die unerhört aufbauende Wirkung brach ebenso heftig herein wie vorher die zerstörende. Das Schloß erstand aus dem vormaligen wie die wunderbarste Blume aus einem Grabe. Die Menschen waren höhere Wesen geworden; Nikanor der Gott der Erde. S. M. waren der erste, der dies anerkannte. Irgendwelche Mißverständnisse gab es nicht mehr; sondern jeder kannte jeden, fühlte mit ihm mit, und sie handelten unwillkürlich mit der genauesten Grazie gegenseitiger Berücksichtigung. Schließlich richtete sich die Erdachse lotrecht zur Erdbahn auf. Eine allgemeine Tag- und Nachtgleiche, sonst etwas so Flüchtiges, erklärte sich in Permanenz, und zwar bedeutete sie die Harmonie nicht nur von Tag und Nacht, sondern aller Gegensätze aller Dinge. Bei dieser Gelegenheit stellte sich nun erst heraus, wie unecht, wie falsch bisher nicht nur Menschen, Tiere, Pflanzen, sondern sogar auch das Mineralreich gewesen war. Denn jetzt erst, als sich z. B. der chemische Gegensatz (die beschränkten, von Goethe nicht aufzuklärenden Gelehrten hatten die Welt unitaristisch, monistisch statt realdialektisch, differentistisch, polaristisch dual behandelt!!!) deutlich erklärte und harmonisch aussprach, kamen, aus den verschrobenen, verkrampften, verzerrten Stoffen die echten zum Vorschein – und echte Luft, daher Lungen und Leiber. –

Als man nun diese Januskatastrophe datieren wollte, entdeckte man kein Datum mehr; das Ende aller Kalender war angebrochen. «Nachhistorisch», hatte der Alte es prophezeit. Ist es ein Wunder? – Gibt es dann noch eine Zeit, wenn der gegenwärtige Moment die Vermählung der Vergangenheit mit der Zukunft exakt bedeutet? Wenn die Gegenwart nicht mehr das Sieb der Danaiden ist? Dann verschwindet Zeit, ohne daß sie aufhörte, gegenwärtig zu sein: alle Geschehnisse, ob vergangen, ob künftig, stehen zur gegenwärtigen Bereitschaft Nikanors, des ersten Gottes der Erde, des Gouverneurs der Sonne auf Erden.

MEIN PAPA UND DIE JUNGFRAU VON ORLEANS

Schon war es Nacht geworden; die Sterne blinkerten so zitterig durch die gestrickten Gardinen. Auf dem Kaminsims stand mein Papa, ein übel beleumdeter Volksredner, im mausgrauen Frack mit graziöser Glatze, lachsfarbener Nase und hoch erhobenem rechten Arm. Dieser Arm sollte den Gedanken ausdrücken: «Erhebe dich wie *ein* Mann, du mein großes gutes Volk! Es gilt die Freiheit vom Despotismus! Sterbet für sie, wenn es euch nicht gelingt, für sie zu leben! Opfert euch! Immer los! Opfert euch in Masse! Seid alle so begeistert wie bisher nur ich allein! Reißt die Konkubine!»... usw. usw. Man weiß ja, wie diese Papas reden. Das Volk aber hört ihnen gern zu; es ißt und trinkt dabei, die Damen machen Handarbeit, man lacht, und Kinder und Hunde lärmen so fröhlich. Der Despot sorgt auch für Papa; der kriegt warme Würstchen, Aromatik und freie Eisenbahn dritter Klasse.

Nun aber kommt ein grobes Mißverständnis: Zu welchem populären Zwecke mein Papa, in pathetischer Weise, seinen rechten Arm hochreckte, ist ja gesagt worden. Da ging der Mond auf, ein silberner Strahl kitzelte das fromme Auge der Jungfrau von Orléans, welche, dem Kamin gegenüber, auf einer Ebenholzkonsole stand. Die Jungfrau von Orléans bezog unwillkürlich die feierlich betonende Geste meines Papas auf sich. Sie sah sich meinen Papa immer aufmerksamer an, und diese Prüfung fiel zu ihrer vollen Zufriedenheit aus. Mein Papa war ein solid gearbeiteter Mann; er ähnelte Eugen Richter. Die Jungfrau dagegen schien bereits ein wenig mitgenommen und hysterisch. Sie litt an dem berühmten Zwiespalte zwischen Sinnenglück und Seelenfrieden. Kurzum, mein Papa schien ihr das Fleisch gewordene Sinnenglück, nach dem sie heimlich schmachtete; welches sich aber doch keineswegs mit ihrem

Seelenfrieden vereinigen lassen wollte. Und schon machte sie Miene, das Sinnenglück notgedrungen fahren zu lassen, als das kupplerische Mondlicht eine zärtliche Gegenseitigkeit zwischen meinem Papa und ihr herstellte: mein lieber Papa mochte jetzt erst merken, wie liebevoll seine Gestik mißverstanden worden war. Das war zuviel für den Alten! Genau wie die Jungfrau versuchte er das Kompromiß.

Er bildete sich ein, der brave Volkstribun zu bleiben, auch wenn er sein Gliederspiel so zweideutig einrichtete; und Fräulein von Orléans fühlte ihr Herz für den Heiland erglühn, wenn sie meinem Papa ihre süßesten Augen machte. Doch zwischen Kaminsims und Konsole klaffte immerhin der fatale Abgrund, welcher sich so herzlich gern zwischen Begierde und Befriedigung einschiebt. Jedoch lechzte die gespannte Situation nach einem auslösenden sogenannten Zufall, der meinen ein paar Zolle höher stehenden lieben Alten in die Arme der etwas unter ihm ragenden Jungfrau von Orléans bringen sollte. Dieser Zufall trat denn auch in der Gestalt des Kätzchens Schniezel sammetpfotig durch die Pforte.

Schniezel sprang aufs Sofa, vom Sofa auf den Tisch. Vom Tische aus wollte Schniezel mit der Kralle den (oben erwähnten) Mondstrahl aus irgendeinem Grunde abfangen und schnellte sich dabei aufwärts. Schade! Sie streifte bei dieser Gelegenheit meinen jovialen Papa vom Sims; er fiel mit gut gespieltem Gepolter in die betend erhobenen Arme des Fräuleins von Orléans, beider Lippen fanden sich zu innigem Kuß, und, auf das harmonischste vereint, sanken sie in den (oben erwähnten) Abgrund. Sie erregten Schniezels lebhaftes Interesse; bildeten sich zu dem bekannten heißen Brei aus, um den Katzen für ihr Leben gern herumschleichen. Und sie waren auch, metaphorisch verstanden, ein einziger heißer Brei. Der Papa war der Jungfrau an die alabasterne Brust gerutscht; sein demagogischer Rhetorarm rankte sich um die keusche Taille der ältlichen Naiven. Sie lagerten auf dem mildgeblümten Teppich wie auf einer mondbeschienenen Wiese; vordem war ihre Lage beträchtlich vertikaler gewesen.

Schniezel versuchte, in dieses zarte Verhältnis einzugreifen; sie rollte die beiden hin und her, miauzte sie erregend an. Aber wie konnte sie Leben in diese stille, ruhige, abgeklärte Liebe bringen? –

Am andern Tag in der Frühe fand die beiden das Dienstmädchen Lilli. Sie rief die Köchin. «Ich hab' es der Gnädigen immer gesagt», schimpfte diese, «sie soll den Herrn Papa nit auf den Simsrand stellen. Um den Fratzen, das Frauenzimmer, ist es nicht schade; das dumme Luder hat mich immer geärgert. Schauen Sie nur, Lilli, wie sie mit dem seligen gnädigen Herrn daliegt! Man könnt' ordentlich auf Gedanken kommen. Ja, Lilli, unser Seliger, das war erst ein Fescher!!»

Die Jungfrau hatte das linke Bein gebrochen. Papa war mit ein paar Abschürfungen davongekommen. Mama sah sich die Bescherung an, befahl die Ausbesserung des Schadens und schloß sich weinend in ihr Zimmer ein. Die Jungfrau von Orléans war nach dem bekannten Modell gemacht, mit welchem Papa jene liaison dangereuse gehabt hatte. Und nun, vier Jahre nach Papas Tode, dieser auf meine Mama wie die höhnischste Absicht wirkende Zufall. Natürlich wurden Papa und die Jungfrau – isoliert ist kein Ausdruck.

Mama, Mama, warum hattest du sie denn, in einer Art dumpfen Billigkeitsgefühls, so nahe zusammengestellt? Du vertrautest zu grob auf die Totheit des Leblosen. Mama, es gibt nichts Lebloses. Setze den Moses von Michelangelo auf einen Nähtisch – wie! Glaubst du ehrlich, der Nähtisch werde nicht eines Tages – – – «zufällig» – – – (welche Blödheit!) unter ihm erliegen?? Hältst du die Holzwürmer, welche von jenem Augenblicke an in ihm minieren, für Zufälle?!?

Ach Welt! Wie zerrissen bist du in deiner echten Zusammengehörigkeit! Aber das, was ihr Zufall nennt, ist gerade der dunkle Magnetismus, der das noch so grausam Getrennte trotzdem so unwiderstehlich zueinander treibt, wie meinen lieben Papa jedennoch zur Jungfrau von Orléans.

ZU MYNONAS HUNDERTSTEM GEBURTSTAG

Ach, bin ich träge! Aber da nun mal das Verfassen meiner Autobiographie zu den unbequemen Geschäften gehört, die niemand verrichten kann als ausgerechnet ich selbst, so muß ich mich schon dazu aufraffen. Ich habe meine eigene Bekanntschaft (vor einem Säculum) in einer Grenzfestung gemacht, in der sich protestantische Preußen, katholische Polen und alttestamentarische Juden gegenseitig nach aller Möglichkeit verachteten und haßten, selbstverständlich im tiefsten Frieden. Ach, war das schön! So daß der goldige Reflex davon in die Tiefen meiner Seele fiel und mich philosophisch kratzte oder humoristisch kitzelte. Sonderbar: ich unterscheide deutlich in mir einen weisen, hohen edlen Lehrer von einem botokudischen, faulen, niedrigen Schüler. Die lange Leitung, die ich (als Schüler) für mich (als Lehrer) habe, könnte man mehrmals um den Aequator wickeln. Und so ist auch mein Verhältnis zu den Mitmenschen: die höchsten Ideen wirken auf uns ein wie edelste Missionare auf Botokuden. Das Fürchterlichste aber sind die schlimmen Mittler. (So könnte Europa, ja die Erde von Kant, d. h. von der Vernunft regiert werden; aber gewisse Mittler haben diese Vernunft schwärmerisch trüb verunreinigt.) Auf der Schule machte ich so gute deutsche Aufsätze, daß ich schlechte Noten bekam, weil die Lehrer annahmen, ich hätte mir vom Privatlehrer helfen lassen. Zumal ich noch dümmer aussehe, als ich bin. (Die meisten sehen so aus, wie sie *nicht* sind.) Erst beim Abiturium feierte ich mit meinem Aufsatz («Goethes Egmont im Urteil Schillers») einen wahren Triumph. Das war in Freiburg i. B. Den philosophischen Doktor baute ich in Jena. Mein Examinator war der berühmte Kantianer Otto Liebmann. So berühmt dieser Geheimrat auch war, so hatte er doch von Kant nur einen falschen Schimmer. Kant selbst ist weltberühmt, und dennoch wird er, da seine ungemeine Einzigkeit noch nicht erkannt und gewürdigt ist, geradezu gigantisch unterschätzt. Weltberühmt ist ja mancher (z. B. Jackie Coogan oder Goethe). Kant aber bedeutet die Selbstentdeckung der Intelligenz. Ohne Kant bleibt die werte Menschheit *dumm, häßlich und schlecht*. Sein bisheriger Weltruhm ist noch eine Blasphemie. Das gehört wesentlich in meine Autobiographie: denn mein «Kant für Kinder» (Steegemann, Hannover) ist z. Z. das wichtigste Buch der Erde. Hier haben Sie den Kant in der Nuß. Und solange ich mit diesem Buch nicht in alle Schulen der Erde eingeführt bin, bleiben Lehrer und Schüler taube Nüsse. Der, der mir diese Überzeugung beibringt, ist nächst Kant der einzige echte, fruchtbare Kantianer, der Geheimrat Ernst Marcus in Essen. Was ich geistig bin, verdanke ich ihm. Und so erschöpft sich meine eigene Bedeutung in der Anerkennung der seinigen, wie die seinige in der Kants. Ich fluche daher herzhaft auf alle übergebührliche Originalität...

Unter den deutschen Klassikern rage ich durch meine enorme, geradezu beispiellose und wirklich klassische, fast krankhaft geartete Anspruchslosigkeit himmelhoch empor und verdanke also lediglich mir selber, keineswegs meinem guten Volke, das mich, wenn ich nicht so pathologisch bescheiden wäre, von Herzen gern anerkennen würde, meine sauer erworbene Obskurität, welche so weit geht, daß sich gewiß ein paar Tölpel darüber wundern werden, daß ich, gelegentlich meines Centenariums, daraus (wie die Jungfer aus dem Brautbett) hervorkrieche. Als ich mir nämlich den Ruhm besah, den die Menschen zu vergeben hatten, erschrak ich herzlich. Nehmen wir z. B. den Fall Goethe: man sollte meinen, dieser Mann habe seine Denkmäler bekommen, weil er so berühmt ist. Aber nein! In Wahrheit erhalten solche Leute ihre Denkmäler auf Grund einiger roher Äußerlichkeiten und werden dann erst wegen ihrer Denkmäler berühmt. So würde Goethe seinen Ruhm deshalb verdienen, weil er die Newtonische Farbenlehre radikal widerlegt und als Narrheit erwiesen hat, die Wahrheit gründlich an deren Stelle setzend: er ist aber gerade in diesem Punkte verrufen; berüchtigt, nicht berühmt; berühmt aber wegen solcher Dinge, wie sie heute jeder Werfel oder Hasenclever, ja sogar jeder Pfemfert oder gar Sternheim unvergleichlich ruhmwürdiger leistet, nämlich wegen seiner Iphigenien, Tassos und Fäuste. Während ein gewisses Ei das des Kolumbus heißt, nennt man Amerika nicht nach Kolumbus, sondern nach einem Mann namens Vespucci. Den Heine kennt mein Volk nur durch die Lorelei und verachtet ihn im übrigen als getauften Juden. Mehr noch wurde ich bewogen, auf meinen etwaigen Ruhm zu pfeifen, wenn ich mir die Geister (?) ansah, die ruhmsüchtig auf ihre Verdienste pochten und sich darüber ärgerten, daß man sie nicht anerkannte. Auch die Allereitelsten fand ich bis zur Komik bescheiden. Sagt Horaz von sich selber: «Exegi monumentum aere perennius», oder Thukydides: «Ktema es aei», so mag das noch, obgleich es ihnen verdammt wenig hilft, meinetwegen glimpflich hingehen. Wieviel toller schlägt der Pfau seine Räder, sobald man in die neueren Zeiten kommt.

Vor der Alternative also stehend, mich eiteler zu brüsten als die anderen deutschen Klassiker oder obskur zu verharren, habe ich das letztere jederzeit gern vorgezogen. Wenn ich scheinbar jetzt selber vor die Rampe trete, um mich meinem Volke, das mich überhaupt gar nicht hervorgeklatscht hat, zu präsentieren: so geschieht es nur deshalb, um nicht besonders aufzufallen. Selbst ganz und gar obskuren Schriftstellern (wie beispielsweise dem Metaphysiker S. Friedländer) würde es verargt werden, wenn sie nicht anläßlich ihrer Jubiläen ihre Knixe machten oder machen ließen. Für mich gänzlich unbekannten Klassiker muß ich nun schon selber eintreten.

Ich bemerke also sehr geistreich und mit einem unnachahmlich genialen Lächeln in meinen altersschwachen, aber sonst ziemlich edlen Zügen, daß ich mir seit fast einem

Jahrhundert große Mühe gebe, mein Volk mit allerhand Strohhalmen in der Nase zu kitzeln, ohne daß es bisher so recht niesen gewollt. Nur neulich hat ein Staatsanwalt dieses Volkes mir die Federpose aus der Hand gerissen. Staatsanwälte im allgemeinen sind wenig geschickt, den Grad von Unsterblichkeit ausfindig zu machen, in dem ihre Opfer gerade stehen. Wer über heilige Dinge vom Allerheiligsten her grinst, wird eben wegen Attentates auf die Heiligen verdonnert. Ich habe vor Jahren bereits noch während des viel zu berühmten Weltkrieges, aufgefordert, mir ein Reiterstandbild zu setzen. Ich hielt dies für eine monstrose Bescheidenheit, da doch jeder lumpige Kriegsfürst oder Kavallerist eins kriegt. Bis heute ist mein gutmütiges, aber nicht sehr urteilsfähiges Volk nicht zu bewegen gewesen, auch nur einen Platz oder eine Gasse Mynonaplatz respektive -straße zu betiteln. Ob das je anders wird? An meinem Geburtshaus ist nicht einmal ein lumpiges Schildchen angebracht!!! Volk, wie ignorierst du deinen Feinklassiker! Zur Überkompensation ist dieser in seiner Selbsteinschätzung nicht mehr zu übertreffen. Es gibt eben nur *einen* Mynona. Lesen Sie nur *meine* Fabrikate! Sie werden reell bedient werden. – In ausgezeichneter Hochachtung vor mir selber,

Mynona.

«Aber nun laßt mir *diese* Kinderstube,
meine eigne Höhle,
wo heute alle Kinderei zu Hause ist.»
(«Also sprach Zarathustra.»)

Das *ganze*, das *ganze* Leben sollen unsre lieben Kleinen kennen lernen! Man wende nicht ein, daß sie ja noch für so Vieles *keinen Sinn* hätten. Fürchtet ihr Euch denn, ihren *nur schlummernden* Sinn für Alles – für *Alles* – zu wecken? Oh pfui! wollt ihr Feiglinge heranzüchten?

Ganz falsch und verhängnisvoll schädlich ist es, die Kinderlein für unvollständig zu halten. Sie sind so vollständig wie wir Erwachsene: sie sind nur in jeder Hinsicht enger, kleiner, feiner, schwächer; aber nichts Menschliches ist ihnen fremd und *sei* ihnen fremd!

Beachtet es wohl! Das Erziehungs-Prinzip, wonach man die Kinder möglichst lange vom echten, vollen, runden Leben abhält, ist absurd. Nicht durch Fernhaltung erziehe man, sondern *mitten* im Element des so ängstlich Gescheuten sollen die Kinder schon spielerisch schwimmen und fliegen und so das Furchtbare oder Ekelhafte oder Böse oder Gemeine und Kranke überwinden und beherrschen lernen.

Oh! Gerade in dieser so kostbaren Periode der Unschuld und Arglosigkeit werden sich alle jene Dinge, welche später schon gefährlich, verführerisch und gleichsam schuldig verstanden werden, mit der reinsten Kindlichkeit so innig durchtränken, daß schließlich, wenn, Generationen lang, die Kindlein auf Alles – aber auch auf *Alles in der Welt* vorbereitet werden, das ganze Leben von Unschuld duften wird. Sei es mir doch gestattet, in diesem Sinne einige Vorschläge zu machen. Sie betreffen das Kinderspielzeug.

Das Kinderspielzeug wird bisher von ... *Feiglingen* erdacht. Gewiß gibt es z. B. auch hier Soldaten, Festungen,

Kanonen, Wehr und Waffen, so daß es knallt, dampft, zischt, und prasselt, schreckliche Schlachten geliefert werden. Aber es fließt z. B. kein Blut, die Sache bleibt trocken. Man führe Blut ein (natürlich künstliches!!!), und sofort macht es auch den Kindchen mehr Spaß. Das ist kolossal leicht: man verfertige *hohle* Soldaten mit siebartigen Öffnungen. Purzeln sie um, so verspritzen sie rotgefärbtes Wasser. Um granatenartige Wirkungen zu erzielen, nehme man magneteiserne Soldatchen, deren Glieder sich, auf einen Anprall hin, loslösen; man repariert sie rasch. Verunglückende Flieger, Soldaten zum Explodieren und restlosen Verschwinden macht man aus *Glas,* nach Art der Bologneser Fläschchen. Sehr prächtig würde sich ein kleines Kreisel in der Form eines beliebten Feldherrn, z. B. Hindenburgs, ausnehmen: vom Kreisel radial gehen Sicheln aus. Man dreht es an und läßt es, aus einem Miniatur-Zeppelin, auf die Feinde hinab. Während es wirbelnd ihre Massen ringsum niedersichelt, läßt es die Melodie «Heil dir im Siegerkranz» oder «Deutschland, Deutschland über alles» ertönen. Patriotischer *kann* man die deutschen Kindlein gar nicht präparieren. – Das Massengrab darf in keinem Soldatenkästchen fehlen, so wenig wie ein gutes Musterungslokal, ein Lazarett mit gut imitierten Verwundeten, an denen die kleinen Ärzte Operationen, Amputationen u. dergl. vornehmen können. Wie soll denn später einmal der *echte* Feldzug zum Kinderspiel *werden*, wenn er es nicht, ob auch nur in kindischem Spiel, bereits einmal gewesen war? Ich ließ für meine Kleinen von ehrsamer Handwerkerhand einen Lazarettzug mit Leichnamen, Verwundeten, Ärzten, Schwestern, mitreisenden Witwen, Waisen und andern, schwarz gekleideten Trauerpüppchen anfertigen und erregte damit Jubel über Jubel. Auf diese Weise wird die spätere *echte* Trauer durch diese kindlichen frohen Eindrücke verklärt und gelindert. Und wie tiefsinnig! z. B. vor Gott ist unser Leidwesen klein, und wir Alten schließlich auch nur Kinderchen.

Füsilierung ist ein sehr hübsches Spiel; desgleichen sollte auch eine Menge Zivilbevölkerung in militärischem Spielzeug enthalten sein, mit lütten Barrikaden, ansonst man nicht «Revolution» spielen könnte. So leicht wird dann keine Mama plötzlich von der Sorge befallen werden: was schenke ich Helmut zu Weihnachten?

Überhaupt! Kinderspielzeug kann *gar nicht realistisch genug* ersonnen werden. Was macht sich mein Junge aus einer Kuh, die *nicht gemolken* werden kann. Ein Gummiballon-Euter, und die Sache klappt und macht enormen Spaß.

Und immer noch fragt Tante Paula und ringt, sich härmend, die Hände: soll ich die Kleinen *aufklären?* Aber Tante! Du *sollst* es. Du sollst dir zu diesem Zwecke eine Wöchnerin-Puppe besorgen. Grade weil die Kinder diese Eindrücke so *unschuldig* hinnehmen, *sollen* sie daran gewöhnt und dadurch gegen deren spätere Verfänglichkeit *geschützt* werden: Kinderspielzeug *ist* prophylaktisch. Es ist schade, daß mir hier eine *verlogene* Dezenz den Mund zuhält. Schamhaftigkeit ist gewiß *sehr* schön, aber ihre Verbindung mit der Feigheit, statt mit dem Mute, ist häßlich, ist Prüderie. Es gibt eine schamhafte *und* eine schamlose Entblößung des Leibes. Denn die wahre Scham bezieht sich ja gar nicht auf die *Dinge*, sondern auf die *Gebärde, mit welcher* sie diese Dinge zeigt: *sie selber* ist so sehr Schleier über allem Schlimmen, daß sie *objektiv* keine Schleier mehr *braucht,* sondern *gerade sie* sich ihrer Nacktheit nicht mehr schämt.

Auf den ersten Anhieb wird man ein Bordell als Kinderspielzeug voreilig *verwerfen.* Warum? *Weil* es im Leben vorkommt? Feigheit! – Es «*sollte*» nicht vorkommen?! Wohl! Schon recht. Schwächen Sie *eben deswegen* seine unheilvolle Wirksamkeit *sofort* im Unmündigen *ab.* Der Reiz der Sünde beruht auf *Überraschung.* Machen Sie die Kleinen zu *Blasierten des Verbotenen.* Ja, eröffnen Sie ihnen als Kinderspielzeug das gesamte Reich der *Kriminalistik!*

Welche begeisternde Idee! Eine entzückende kleine Morgue mit allem Drum und Drin; eine Anatomie; ein Mütterheim mit Hebammen: von Vater keine Spur. Wundervoll gelingende kleine Bombenattentate mit entzweigehenden, leicht heilbaren Prinzen. Warenhäuser mit automatisch funktionierenden Brandstiftungen, Einbrüchen, Diebstählen. Auf vielerlei Weise ermordbare Opfer und die zu ihnen gehörigen Mörderpuppen mit allen einschlägigen Instrumenten.

Denken Sie an entzückende kleine Leichenwagen und Särgchen, an Puppenfriedhöfe und Krematorien mit drolligen Gräberchen und Urnen, Leichensteinen mit auswechselbaren Inschriften, Pastören und anderen Puppen.

Warum *sollte* das Kind nicht sein kleines Museum haben? es lernt den Wert von Bildern, Plastiken usw. vorahnen – es *kann* gar nicht *genug* vorahnen!!! Es *soll* nicht unwissend gehalten werden, erlebe *Alles*.

Warum versagt man ihm seinen zierlichen Reichstag? Weswegen fehlt ihm eine federleicht einbalsamierbare Monarchenleiche? Meine Kinder lachten neulich Tränen über eine der niedlichen Sozialistenversammlungen bei Streik und weinenden Müttern, auf welche jenes Kreisel losgelassen wurde. Ich wurde inne, von welcher sieghaften *Höhe* hinab alles Menschliche zu erblicken und zu betreiben, sie sich *einübten*. Glauben Sie denn, diese Vogelperspektive schwäche alsdann die Tatkraft? Unsinn! Lähmt sie denn die Energie der Adler und anderer Immelmänner (Immelmann klingt ja an Himmelmann an)?

Sogar Seuchen und Hungersnöte sind für Kinderchen darstellbar. Dick und mager werden könnende Hunger-Gummipuppen streng ergötzlich! Geschwür-Puppen furchtbar komisch. Guillotine und Galgen möchten wenigstens *meine* Kleinen nicht mehr missen. Ein Asyl für Obdachlose – das Appetitlichste, das man sich denken kann. Ob man (vermittelst Stinkbomben) die kleinen Rotunden und überwie unterirdischen Bedürfnis-Anstalten auch für die lieben Näschen überzeugend machen solle? wage ich nicht zu entscheiden. Dagegen bin ich bestimmt für Paradies mit Sündenfall; für kleine Kirchen (allen jüdischen Kindern Synagögchen), resp. Moscheen u. a.

Eisenbahn-Spielzeug, ohne die Möglichkeit, Eisenbahn-Katastrophen darzustellen, macht nur das *halbe* Vergnügen. Sollen aus Kindern einmal *ganze* Kerle werden, so *darf* man ihnen *nichts* Menschliches verbergen. Ihre Unschuld sorgt schon *unwillkürlich* für alle nötigen *Schranken:* und später, wenn diese Schranken sich allmählich erweitern, trifft das Neue auf *vorbereitete* Gemüter. Daß die Kleinchen über *Alles* lachen, auch über die Kehrseiten des Lebens, das ist geradezu die herrliche Ausdehnung der strahlenden *Heiterkeit* auch über alles sonst so schnöde von ihr Verlassene und nur *dadurch* so Triste. Das ist der Humor, welchem künftige Geschlechter, *so* erzogen, *nichts* mehr vorenthalten werden!

Ich versage mir nicht, an etwas weihevolles zu rühren: *Kein* Kinderzimmer mehr ohne nagelbare Denkmäler!

Klotilde war die Schönheit selber (bis auf eine kleine Partie, deren Sitz wir noch nicht verraten... also nein, warten Sie doch ab! Sie finden es nicht von selbst). Oh, sie kannte ihre leibliche Erscheinung nur allzu genau, sie war hellsichtig auch für ihre Fehler und wußte, daß es ihr unmöglich war, restlos schön zu wirken. Klotilde war einer der tragischen Fälle, in denen die letzte Vollendung der Schönheit an einer fürchterlichen Häßlichkeit unvermeidlich scheitert. Ihre ganze Lebensart wurde durch das Bewußtsein dieser entsetzlichen Eigentümlichkeit bestimmt. Von hinten gesehen, war Klotilde übrigens allerliebst. Erzählt man sich doch, daß jene Meduse ihre versteinernde Wirkung auch nicht gerade mit ihrem Rücken ausübte. Klotildens Schönheit in Ruhe und die Grazie ihrer Bewegungen übertraf alles, was man bei jungen Mädchen in dieser Weise sieht, unvergleichlich. Nur...

Naja, nichts ist vollkommen in dieser Welt. Und verschönernde Ärzte zuckten ratlos die Achseln. Klotilde blieb eine mißgeborene Venus (versalzener Meeresschaum?) Wie kam es, wenn sie ihren himmelblauen Blick aus schwarzen Wimperstrahlen unter den zartfeinen Linien ihrer Brauen so wundervoll aufleuchten ließ, – daß alle Hunde hinterm Ofen blieben, sie lockte keinen hervor!

Aha! sagt hier ein besonderer Schlaumeier, wahrscheinlich roch sie übel? – Im Gegenteil: der Duft ihrer rosenweißen Haut wetteiferte mit dem der Hyazinthen, ihr Atem war wie der Monat Mai. Ihr Gebiß ärgerte jeden Zahnarzt krank, in so gesunder Kraft blitzten die Zähne wie Schnee zwischen den blutroten Korallen ihrer wie Amors Bogen geschwungenen Lippen. Das Haar gesponnenes Abendsonnengold (oder paßt Ihnen die morgenrötliche Sonne besser?)

Trotzdem, wenn sie ihnen diese blendend lieblichen Vorzüge spendete, wendeten sich nicht nur Gäste, sondern auch Einheimische mit Grausen, und ihr erregender Mund blieb nie geküßt.

Welches Rätsel! Versetzen wir uns in ihr Gemüt! Nur allzu liebesbedürftig, verstand sie doch übergenau, weswegen sie abstieß. Am widerwärtigsten mutete sie an, wenn man sich, wie ihre gewohnte Umgebung, Mühe gab, ihre bei solcher Schönheit sonderbare Garstigkeit zu übersehen. Der Eindruck, den sie machte, war so drastisch, daß selbst ihre intim Vertrauten zusammenschraken, sobald sie sie unversehens anlachte oder auch nur lächelte. Aber Fremde, denen sie begegnete, ließen Gegenstände, die sie in Händen hielten, plötzlich fallen, so unerwartet entsetzlich war der Anblick, gleichsam einer Kröte im wonnigen Blumenkelch ihres Antlitzes. Ihre Häßlichkeit war um ein nichtsdestoweniger reizendes Näslein konzentriert, das nur, wenn sie lachte, zur enormen Sattelnase wurde. Diese aber saß zwischen extrem hunnischen Backenknochen, und zu beiden Seiten der Nase waren ihre Wangen scheckig wie von einem Vitriolattentate gefleckt und obendrein pockengrübig; sonst hatte sie keinen Fehl, sondern war im Gegenteil geradezu ein Ausbund von Schönheit.

Eines Tages erhielt dieses anziehend-abstoßende Monstrum die Einladung zu einem Kostümfest und Maskenball und konnte sich begreiflicherweise nicht dazu bringen, weder abzulehnen noch zuzusagen. Die Zwiespältigkeit ihres Gemüts drohte, in Zerrissenheit auszuarten. Aber mitten in derartigen Schwankungen kam ihr plötzlich ein Gedanke, dem sie sich glühend hingab. Dieser Einfall ermöglichte ihr, ohne alles Kostüm und Maske als bare Eva auf das Fest zu gehen, gerade dadurch alle Häßlichkeit aus ihren Zügen zu tilgen und ihre herrliche Schönheit restlos an den Tag zu legen.

Ihren neugierigen Bekannten gegenüber tat sie, als hätte sie abgesagt: «Ich, mit meiner Fratze, dorthin! Womöglich zum Schönheitswettbewerb! Nein, nein! So blind bin ich nicht vor meinem ehrlichen Spiegel!» Natürlich versicherte man ihr galant, sie brauche nur eine Halbmaske zu tragen, um sich von der Venus nicht mehr zu unterscheiden. Sie lächelte fürchterlich (wie oben beschrieben) und bemerkte spitzbübisch: «Ohne Maske oder gar nicht!» Freute sich diebisch, als selbst ihre diplomatischsten Freunde eine Geste des Abscheus nicht zurückhalten konnten. Wußte sie doch, was sie wußte, und ging sofort an die Ausführung.

Die denn auch dermaßen von Erfolg gekrönt war, daß Klotilde die süßesten Tänzerinnen in lauter Mauerblümchen verwandelte. Sie war die Krone, die Königin des Balles. Was irgend männliche Tanzbeine hatte, riß sich um Klotilde zuschanden. Vergebens raunte man sich das offenbare Geheimnis ihrer Abgrundhäßlichkeit zu. Just in diesen Abgrund stürzte sich Hals über Kopf der von allen Jungfrauen und anderen Mädchen angebetete jugendliche Liebhaber des Staatstheaters, der weltberühmte Stoissi, der Eva-Klotilde nicht aus den Augen noch aus den Armen ließ. Tatsächlich bestand ihr Kostüm nur in zwei Ausschnitten, die oben und unten alles frei gaben, während die Mitte eigentlich nur von einem goldiggrün schillernden, feigenblattförmigen, halbdurchsichtigen seidenen Schurzfell verhüllt war. Weiße Sandalen vervollständigten diese Nacktheit. Vorm Antlitz trug sie eine seltsam groteske schwarze Halbmaske, durch deren Augenschlitze ihr wunderschöner Blick dem Stoissi magnetisch liebreizend ins Innerste drang. Selbst ihre Bekannten vermochten sich der holden Illusion, die, von der Maske abgesehen, nur die außerordentliche Schönheit zeigte, nicht zu erwehren. Um Stoissi war es geschehen, er fühlte sich an Klotilde verloren.

So zog er sie, die scheinbar Widerstrebende, in einen lauschigen Winkel und bestürmte sie mit seinem innigen Feuer, bis im Saal zur Demaskierung Alarm trompetet wurde. Diesen Moment zur Flucht zu benutzen, lag in Klotildens Plan. Sie wand sich in und aus Stoissis Armen, er ließ sie nicht. Voller Verzweiflung stieß sie ihn jählings zurück und wollte verschwinden. Er holte sie ein, fing sie ab, drang darauf, daß sie nur einen einzigen Augenblick ihre Maske lüftete. Sie rangen miteinander. Er griff nach ihrer Maske und – erstarrte, griff schwarz gefärbte Haut. Diese groteske Form war angewachsen...

«Sie dösiger Affe!» streckte Klotilde wütend ihre Waffen, «glotzen Sie nur! Es ist meine Haut!» Sie hatte ihr Gesicht in Form einer Halbmaske schwarz bemalt und dadurch ihre Häßlichkeit fast unsichtbar gemacht, so daß nur ihr rotgoldenes Haar, ihre göttlichen Augen und der anmutigste Mund zum vollen Vorschein kamen. Bevor sie aber davonrannte, durchzuckte es den erstarrten Stoissi elektrisch, er riß sie ungestüm an sich. Ausgerechnet das hatte dem gegen die hübschesten Frätzchen längst Abgestumpften so sehr gefehlt, diese grotesk pikante Schönheit. Eben deswegen wäre sie ihm ohne diese Maske vielleicht nicht einmal aufgefallen, er war zu verwöhnt. Und nun war die Maske keine Maske, sondern ihr wahres, nur geschwärztes Angesicht! Er war und blieb bezaubert und bewies es ihr so stichhaltig, daß sie ihm schließlich glaubte, ihn erhörte. Sogar willigte sie in einen Akt desperatester Courtoisie, durch den sich die ausgeschriebene Schönheitskonkurrenz in einen Häßlichkeitswettbewerb umwandelte. Selbstverständlich errang Klotilde den Hauptgewinn, darüber hinaus als bleibenden Besitz ihren Tänzer, dessen angetrautes Weib sie ward. Als raffinierter Schauspieler brachte er ihr gewisse Schmink- und Puderkünste bei, durch die ihr Gesicht in einiger Entfernung vollendet schön und in der Nähe toll interessant wirkte.

Klotilde hatte mit ihrem Einfall, ihr Gesicht zur Maske zu machen, den innerlichsten Tiefsinn aller Liebe, auf den die Schönheitspflästerchen viel zu zaghaft anspielen, unwiderstehlich in sein Herz geflößt. Seht nur näher hin: die Venus selber hinkt auf den Beinen ihres Hephäst. Zugegeben, Klotildens Schönheitsfleckchen war etwas umfangreich geraten. Aber durch den witzigen Einfall, ihre Häßlichkeit zur neckenden Maske ihrer Schönheit zu machen, hatte sich für die Phantasie des Liebenden diese Häßlichkeit nur wie ein magischer Schleier über die sich niemals gänzlich offenbarende, daher immer anlockende Schönheit des Mädchens gelegt. Lieben wir doch im Grunde stets nur die Masken der eigentlichen Bedeutung. Dadurch daß Klotilde verstanden hatte, ihre Häßlichkeit nur als Maske ihrer ausbündigen Schönheit zu tragen, hatte sie im Leben und in der Liebe von nun an gewonnenes Spiel.

Bitte nehmt euch dieses gelungene Vorbild, meine Schönen! Suchet, so werdet ihr finden: entdeckt nur auch eure Häßlichkeiten und verwertet sie geschickt kosmetisch. Bekanntlich ist die regelmäßige Schönheit nur ein Brechmittel. Ohne ihre bezaubernd arrangierte Häßlichkeit ist die schönste Schöne nichts.

Herr v. G. trug sich mit der Absicht, einen Faust zu schreiben, hielt es aber für geraten, sich erst mit dem Zensor darüber zu unterhalten, um nicht unversehens in Schund und Schmutz zu verfallen. Der Zensor, ein wohlkonfektionierter Mann mit gleichsam schlicht gekämmtem Blick, empfing ihn höchst jovial: «Das lob' ich mir», patschte er v. G.'s devoten Rücken, «Prophylaxe! Vorher, nicht erst nach der fertigen Ausarbeitung sollten die Herren zu mir kommen, damit sie in den gestatteten Schranken blieben. Was möchten Sie verfassen?» «Einen Faust», wisperte Herr v. G. fast kleinlaut. «Nana», wiegte der Zensor sein bedenkliches Haupt, «so ein, gelinde gesagt, dämonischer Professor. Würde heutzutage keinen Lehrauftrag bekommen oder gleich geschaßt werden. Aber übrigens kann man das allerheikelste Thema mit sauberen Fingern behandeln. Ich lasse jetzt sogar Boccaz und Aretin für die Jugend bearbeiten. Also wie denken Sie sich Ihren Faust?»

v. G. seufzte: «Faust, der die Welt im Innersten erkennen will, verzweifelt darüber an aller Wissenschaft...» «Also selbstverständlich gleich früh nichts, wie der Sachse sagt. Schmutz ist es zwar noch nicht, aber Schund. Ändern Sie das etwa so: Faust ist ein gläubiger Mensch, den sein ganzes Gefühl auf Gott hinweist. So ergänzt er die Unzulänglichkeit der Wissenschaft religiös. Das wäre ja noch schöner, wenn ein Universitätsprofessor die Wissenschaft aufgeben wollte, weil sie ihn religiös unbefriedigt ließe! Der Mann muß auf dem Posten bleiben, auf den man ihn als Lehrer der Jugend stellt. – Also weiter! Was machen Sie dann?»

«Faust plant daher Selbstmord...» «Also ganz ausgeschlossen!» erschrak der Zensor, «das wäre ja verrucht unreif. Ändern Sie das nur!» «Bereits geschehn», lächelte v. G., «Faust hört die Osterglocken läuten und beschließt weiterzuleben.» «Woran er rechttut», fiel der Zensor bei, «und damit ist die Sache zu Ende?» «Oh nein», wehrte sich v. G., «sie beginnt erst.» «Was soll denn da noch kommen?» wunderte sich der Zensor, «um Himmelswillen nur keine Erotik! Das würde an Schmutz streifen.» v. G. warf sich in die Brust: «Faust verschreibt sich dem Teufel provisorisch, wird verjüngt, verführt ein kleines Mädchen...» «Halt, halt!» rief der Zensor, «nicht so rasch! *Wie* klein? Dacht' ich mir's doch, ganz und gar Schmutz und Schund. An Ihrer Stelle ließe ich diesen wüsten Bruder lieber eingehen, bevor er derartig verluderte. Als alter, würdiger, ob auch verstörter Professor, was ja vorkommt, müßte er enden. Von mir aus lassen Sie ihn bei Freud eine sittliche Läuterung durchmachen, bei Steinach auf neu polieren, G. Hauptmann interviewen, mit ihm zur Kirche gehen, eine radikale seelische Wandlung erfahren...» «Die erfährt er bei mir durchs Leben», sagte v. G. «Ach was, ‹Leben›», schnarrte der Zensor, «ein Kautschukbegriff, der an Schmutz gemahnt. Faust will sich *ausleben*. Das darf er aber nicht. Sie müssen das ändern, sonst gefährden Sie unsre Jugend. Kürzen Sie lieber! Wie ist der Schluß?» «Tragisch: das Mädchen wird gravid und entledigt sich...» «Aber schauderös!» schüttelte sich der Zensor, «malen Sie nicht so lüstern aus! Machen Sie nur rasch zu Ende!» «Des Mädchens Bruder, dem um ihren Ruf bangt...» «Bravo!» unterbrach der Zensor, «... wird erstochen.» «Unerhört!!» brüllte der Zensor. «Weiter, nur weiter!» «Faust versucht, das Mädchen der Todesstrafe zu entreißen...» «Hahaha!» lachte der Zensor giftig auf, «ja, das glaube ich! Schmutz und Schund, Schund und Schmutz! Nun weiter!» «Das Mädchen weigert sich, mit dem Ausruf: ‹Heinrich, mir graut vor dir›!» «Ganz meine Meinung», nickte der Zensor eifrig, «gesunde Ansicht. Wie schließt's?» «Eben das ist der Schluß.» «Den können Sie lassen. Das andre ist teils Schmutz, teils Schund, nichts für unsre Kleinen. Unbegreiflich, daß das Mädel ohne mütterliche Aufsicht...» «Gestatten Sie», bat v. G., «der Mutter gab sie einen Schlaftrunk, der leider tödlich wirkte.» «Pfui Teufel!» ekelte sich der Zensor, «konzentriert anstößig. Selbstverständlich zu ändern. Das mag Leben sein, ist aber keine *Kunst!* Kunst wäre z. B. so: ein Universitätsprofessor wird in reiferen Jahren, trotz aller Wissenschaft, streng gläubig, überwindet seine unkeuschen Gelüste und hilft einer frommen Mutter bei der Erziehung ihrer Tochter. Diese, die ihn verehrt, nimmt er in allen Züchten zu seinem angetrauten Weib. Gott segnet die Ehe mit einem Kinde, und der Professor stirbt, von den Seinen betrauert, hochbetagt. – Sehen Sie, das wäre gute Kinderstube. Also dichten Sie's so und reichen Sie mir das Manuskript getrost wieder ein. Meinethalben personifizieren Sie die Anfechtungen des Professors als Teufel. Überhaupt lasse ich Häßliches, Böses, selbst Verführerisches als *Möglichkeiten* zu. Verwirklicht aber wird mir nur das Wahre, Gute, Schöne! Verstanden? Der Rest wäre als unmöglich, wie gesagt, äußerst diskret anzudeuten.» Herr v. G. war mit gnädigem Wink entlassen.

Seit März 1832 ist er beflissen, seinen Faust im Sinne des Zensors zu retuschieren. Weihnachten hofft er, dem Publikum endlich seinen chemisch gereinigten Faust vorführen zu dürfen. Inzwischen ist das Stück, unsicherem Vernehmen nach, schon verfilmt worden. Jugendliche haben Zutritt...

NACHWORT

Als 1913 im Verlag der Weißen Bücher, Leipzig, der erste Band der gesammelten Grotesken von Mynona erschien, trug er den Titel – nach einer der Grotesken – »Rosa, die schöne Schutzmannsfrau«. Dieser Titel wurde fast ein Synonym für Mynona (Umkehrung von Anonym) und wurde deshalb auch für diesen Band beibehalten. Als Verfasser von »Rosa, die schöne Schutzmannsfrau« ging Mynona in die Literaturgeschichte und das Gedächtnis seiner Zeitgenossen ein, obwohl die vielen anderen Sammlungen seiner Kurzprosa unter vielleicht noch groteskeren, absurderen Titeln erschienen: »Das widerspenstige Brautbett«, »Mein hundertster Geburtstag«, »Unterm Leichentuch«, »Nur für Herrschaften«, »Ich möchte bellen«, »Für Hunde und andere Menschen«.

Mynona, mit bürgerlichem Namen Salomo Friedlaender und von Beruf Philosoph, führte die Trennung seiner beiden Arbeitssphären strikte durch: seine philosophischen Arbeiten erschienen unter dem Namen Salomo Friedlaender, seine schriftstellerischen und dichterischen unter dem Pseudonym Mynona. Das Pseudonym war nicht als Versteck gewählt, als Spielecke des Philosophen, der seinen wissenschaftlichen Namen nicht aufs Spiel setzen wollte, sondern war Ausdruck der Grenzziehung zwischen dem Philosophen und dem Spötter, dem Clown*, die er in sich vereinte. Er ging – zu Demonstrationszwecken – so weit, seiner Parodie »Tarzaniade«, 1924 erschienen, folgende Widmung voranzustellen: »Dem Verfasser des ›Kant für Kinder‹, des besten Buches der Erde, widmet voller Ehrfurcht dieses Bestienbuch sein alter Ego – Mynona.«

Heute ist die Groteske ein längst vertrautes Stilmittel, legitimer Ausdruck des modernen Theaters, der Literatur und des Kabaretts. Als – vor über fünfzig Jahren – die ersten Grotesken Mynonas erschienen, wirkten sie jedoch sensationell, anstößig, befremdend und auf die damalige Avantgarde anfeuernd, belebend, neue Wege weisend.

Bei Albert Soergel (Dichtung und Dichter der Zeit, Neue Folge: Im Banne des Expressionismus, 1925) heißt eine Kapitelüberschrift »Auf dem Wege der Groteske aus dem Reiche der Lehre in das Reich der Dichtung«. Das Kapitel behandelt Mynona und – Kafka. Es beginnt: »Für die expressionistische Form, die aus der Überfülle der Züge, die die Natur aufweist, nur die wesentlichsten herausgreift, sie im Sinne ihrer Bedeutung verändert, Runzeln etwa tiefer kerbt, Bakkenknochen höher treibt, ist die Groteske nicht mehr ein seltener Grenzfall, sondern eine Lieblingsform der Zeit, zu der alle verneinenden Kräfte ebenso hindrängen, wie alle bejahenden etwa zur Hymne. Alle Formen der Dichtung zeigen deshalb groteske Züge; die aktivistische Lyrik, gar die der Dadaisten, birst bald von ihnen, wie Sternheims Drama; Iwan Goll fordert sogar, wie wir wissen, die

* »Ich behaupte kühnlich, daß ich zur Zeit der einzige bin, der eine gewisse Synthese aus Kant und Clown (Chaplin) darstellt.« (Aus einem Brief an Kurt Wolff vom 31. 8. 1922.)

Groteske als Vollendung der dramatischen Form. Alles, was in der Kunst maskenartig ist, zielt auf sie hin . . .

Sie ist natürlich auch der Erzählung nicht fremd; die erzählende Kunst Sternheims, Klabunds, Edschmids, auch ganz anders Gerichteter, wie Josef Wincklers, weist Beispiele für sie auf. Aber ihre Züge verraten oft eine Darstellungsart, die man eher als gesteigerten Naturalismus bezeichnen könnte. Die im eigentlichen Sinne expressionistische Groteske ist jenseitiger Art; die Ahnen ihrer Schöpfer sind keine Spötter über diesseitige Unvollkommenheiten, sondern Führer zu jenseitigen Möglichkeiten, wie Scheerbart, wie Morgenstern, wie – von den Lebenden – Meyrink. Die expressionistische Groteske ist erwachsen aus dem Bewußtsein ihres Schöpfers, ein Allwesen zu sein, erwachsen aus einem unendlich gesteigerten Selbstbewußtsein des Denkens, aus dem Freiheitsbewußtsein des schöpferischen Geistes. Es ist kein Zufall, daß der bezeichnendste Schöpfer grotesker Geschichten ein Philosoph ist, der über Kant, Schopenhauer, Nietzsche, Robert Mayer, aber auch über Jean Paul als Denker und über George Grosz geschrieben . . . hat: Salomo Friedländer (geb. 1871 in Gollantsch in Posen), der sich als Dichter mit der Umkehr des Wortes anonym Mynona nennt.

Friedländer-Mynona, der Anlage nach ein Nachfahre Georg Christoph Lichtenbergs, benutzt eine dichterische Form wie die Groteske als ein williges Gefäß, das sich mit solchen Erzeugnissen des Denkens füllen läßt, die in den Formen des Denkens sich heute kaum schon sagen lassen.«

Mynonas in die Form der Groteske gegossenen »Erzeugnisse des Denkens« sind keineswegs Ableitungen seiner philosophischen Erkenntnisse, sozusagen populär gemachte Geisteswissenschaft, eher könnte man sie als »angewandte Philosophie« bezeichnen, als Weisheit, die im Gewand des Spötters auftritt. Schrankenlose Phantasie, besonders auf dem Gebiet, das man heute science-fiction nennt, wo er sich mit seinem Freund Paul Scheerbart trifft, ist vielleicht das hervorstechendste Charakteristikum seiner Grotesken. Daneben tritt scharfe Zeitkritik auf, die die Hellhörigkeit und Wachsamkeit dieses kritischen Geistes erkennen läßt. Ihm, in der Wilhelminischen Ära aufgewachsen, wird der preußische Schutzmann zum Symbol der Macht, des Terrors und gleichzeitig der Lächerlichkeit. Bei Mynona, wie bei Sternheim, tritt die Schutzmannfigur mehrfach auf, am überzeugendsten ist sie in »Rosa, die schöne Schutzmannsfrau« gezeichnet. Von ungeheurer Komik, und rückblickend gleichzeitig von tiefer Tragik, ist Rosas Bekenntnis: »›Begreifen Sie mich doch! Ich habe ja schon als kleines Kind, wenn ich einen Schutzmann sah, Konvulsionen bekommen. Ich weiß doch nicht, ob es allen so geht? Mein Gewissen läßt mir keine Ruhe, diese Uniform erst macht mich zum Weibe, zu etwas Weichem, Bleichem, Zitterndem, Überwältigtem.‹ Dem Manne ging ein Licht auf, er ahnte so was wie die Geburt der Uniform aus dem Geiste der Erotik.«

Aber nicht nur der preußische Schutzmann war das Ziel von Mynonas Spott. In »Goethe spricht in den Phonographen« verspottet er Elisabeth Förster-Nietzsche, sie wird als »die stadtbekannte Schwester des weltbekannten Bruders«

eingeführt. Die ihr in den Mund gelegten Sätze machen nicht nur sie lächerlich, sondern auch das 1915 erschienene Buch von Max Scheler »Der Genius des Krieges und der deutsche Krieg«: »Unser Fritz hatte stets eine militärische Haltung, und doch war er sanft, er war mit andern von echt christlicher Sanftmut – wie würde er sich über diesen Krieg gefreut haben! und über das herrliche, ja heilige Buch von Max Scheler!«

Immerhin erschien »Goethe spricht in den Phonographen«, zusammengefaßt mit anderen Grotesken unter dem bezeichnenden Titel »Schwarz-Weiß-Rot« mitten im Krieg, 1916. Es bedurfte einiger Zivilcourage, es in diesem Zeitpunkt zu schreiben und zu veröffentlichen.

Die in dem vorliegenden Band gesammelten Grotesken sind eine Auswahl aus Mynonas wichtigsten Buchveröffentlichungen der Jahre 1913–1928. Die siebenunddreißig Grotesken sind fünf Büchern entnommen und in der Reihenfolge des Erscheinens angeordnet.

Die in Mynonas erstem Groteskenband »Rosa, die schöne Schutzmannsfrau« enthaltenen vierundvierzig Geschichten sind alle zuerst in Zeitschriften erschienen, und zwar in den wesentlichsten des literarischen und künstlerischen Expressionismus. Zwischen 1911 und 1913 brachte die »Aktion« siebzehn, der »Sturm« fünfundzwanzig, der »Pan« eine dieser Grotesken. Schon vor 1911 war Mynona Mitarbeiter von Franz Pfemfert in der von diesem herausgegebenen Zeitschrift »Demokrat« und blieb ihm auch weiter treu. Pfemfert widmete ihm im Jahrgang 1913 der »Aktion« eine Sondernummer.

Auch die meisten der in den späteren Bänden gesammelten Grotesken waren vorher in Zeitschriften erschienen, so, außer in der »Aktion« und im »Sturm«, in der »Schaubühne«, in »Der Einzige«, den »Weißen Blättern«, »Die neue Jugend«, »Der blutige Ernst«, »Neue Blätter für Kunst und Dichtung«, »Menschen«, »Die Sichel«.

Mynona war befreundet mit Paul Scheerbart, dessen Vorliebe für kosmische Phantasien er teilte, mit Anselm Ruest, seinem Vetter, mit dem er 1919 die Zeitschrift der Stirnerianer »Der Einzige« herausgab, mit Alfred Kubin, der mehrere seiner Bücher illustrierte (»Unterm Leichentuch«, »Der Schöpfer«).

Im September 1933 verließ Mynona seinen langjährigen Wohnsitz Berlin und emigrierte mit seiner Familie nach Paris. Er arbeitete weiter an seinen philosophischen Werken, die noch der Veröffentlichung harren.

In dem 1928 erschienenen Band »Mein hundertster Geburtstag und andere Grimassen« schreibt Mynona in der Titelgeschichte:

»Unter den deutschen Klassikern rage ich durch meine enorme, geradezu beispiellose und wirklich klassische, fast krankhaft geartete Anspruchslosigkeit himmelhoch empor und verdanke also lediglich mir selber, keineswegs meinem guten Volke, das mich, wenn ich nicht so pathologisch bescheiden wäre, von Herzen gern anerkennen wüde, meine sauer erworbene Obskurität, welche so weit geht, daß sich gewiß ein paar Tölpel darüber wundern werden, daß ich, gelegentlich meines Centenariums, daraus (wie die Jungfer aus dem Brautbett) hervorkrieche ... Wenn ich scheinbar jetzt selber vor die Rampe trete, um mich meinem

Volke, das mich überhaupt gar nicht hervorgeklatscht hat, zu präsentieren: so geschieht es nur deshalb, um nicht besonders aufzufallen. Selbst ganz und gar obskuren Schriftstellern (wie beispielsweise dem Metaphysiker S. Friedlaender) würde es verargt werden, wenn sie nicht anläßlich ihrer Jubiläen ihre Knixe machten oder machen ließen. Für mich gänzlich unbekannten Klassiker muß ich nun schon selber eintreten.«

Ellen Otten

ZEITTAFEL

1871 Am 4. Mai wird Salomo Friedlaender als ältester Sohn einer jüdischen Arztfamilie in Gollantsch, Kreis Wongrowitz, in der Provinz Posen geboren. Die Eltern seiner Mutter, einer »begabten Sängerin und Klavierspielerin«, besaßen dort eine Bierbrauerei. Kurz nach seiner Geburt übersiedelt die Familie nach Posen.

1883 wird er in einer Schülerpension auf Norderney untergebracht, wo er den wenig älteren Ernst Barlach kennenlernt.

1885-87 lebt der erfolglose, verträumte und eigensinnige Schüler zwecks »besseren Erfolgs« bei der Familie einer Tante in Berlin.

1887-89 Besuch der Untertertia am Gymnasium in Posen, Asthmaanfälle, Privatunterricht, durch Vermittlung des Vaters Arbeit im Büro einer Versicherungsgesellschaft.

1890-91 Sanatoriumsaufenthalt in Nervi bei Genua wegen chronischen Asthmas.

1890 beginnt er Schopenhauer zu lesen und bleibt »die folgenden sieben Jahre im Bann dieses Geistes«.

1891 quartiert er sich bei einem Vetter in Freiburg/Breisgau ein und nimmt zwei Jahre lang Privatunterricht, um die Schulversäumnisse aufzuholen.

1892 Tod der Mutter.

1893 wird er als Gast in die Obertertia des Großherzoglichen Gymnasiums (heute Rotteck-Gymnasium) in Freiburg aufgenommen.

1894 Nach dem Abitur (20. Juli) beginnt er, dem Wunsch des Vaters folgend, am 3. November ein Medizinstudium an der Ludwig-Maximilian-Universität in München. Friedlaender beschäftigt sich intensiv mit Schopenhauer, besucht Theater-, Opern- und Konzertaufführungen, vernachlässigt sein Studium.

1895 Auf Betreiben des Vaters nimmt er im Sommersemester in Berlin ein Studium der Zahnmedizin an der Königlichen Friedrich-Wilhelm-Universität auf.

1896 Veröffentlichung eines »absurd pessimistischen Essai« (Ort und Titel nicht bekannt). Ab Sommersemester Philosophiestudium in Berlin, hört bei Hermann Cohen, Wilhelm Dilthey, Carl Stumpf, Moritz Lazarus, Max Dessoir, Aby Warburg u.a.

1897 entwirft er eine Philosophie, zugleich Abschluß und Resultat seiner Beschäftigung mit Schopenhauer, die er »Von der lebendigen Indifferenz der Weltpolarität« nennt und an der er jahrelang arbeitet. Eine frühe Veröffentlichungsmöglichkeit zerschlägt sich, erst 1918 erscheint sie u.d.T. »Schöpferische Indifferenz«. Er setzt das Studium bis zum Sommer 1899 an der Großherzoglich Sächsischen Gesammt-Universität in Jena fort, hört Vorlesungen in Geschichte, Archäologie und Kunstgeschichte. Seine Lehrer sind u.a. der Neukantianer Otto Liebmann und der Lebensphilosoph Rudolf Eucken.

1898 Beginn der Freundschaft mit Paul Scheerbart. Am 12. Februar Tod des Vaters.

1899 lernt er den Essener Juristen und Philosophen Ernst Marcus kennen, der ihn entscheidend beeinflußt und dem er bis zu Marcus' Tod 1928 verbunden bleibt. Er bezeichnet ihn als »einzigen fruchtbaren Nachfolger Kants«.

1900 Vorbereitung auf die Doktorprüfung. Aufenthalt bei der Schwester in Frankfurt a.M.

1902 Promotion mit einer Arbeit über Schopenhauer und Kant (»Versuch einer Kritik der Stellung Schopenhauers zu den erkenntnistheoretischen Grundlagen der ›Kritik der reinen Vernunft‹«)

1904 Erste Gedichtveröffentlichungen in der Zeitschrift »Charon«.

1905 Erste populärwissenschaftliche Publikation über den Arzt und Physiker Robert Julius Mayer. Bekanntschaft mit Samuel Lublinski.

1906 endgültige Übersiedlung nach Berlin, wo er 1907-11 erstmals eine eigene Wohnung bewohnt. Freunden und Bekannten, zu denen Martin Buber, Erich Mühsam, Ludwig Rubiner, Gustav Landauer, Hedwig Lachmann, Kurt Hiller, Herwarth Walden, Else Lasker-Schüler u.a. gehören, trägt er seine »Schwänke« vor. Rubiner rät ihm zur Veröffentlichung.

1907 erscheinen philosophische Arbeiten in populärwissenschaftlichen Buchreihen. Verdient sein Geld u.a. als philosophischer Vorleser, gibt Auswahlbände mit Werken Jean Pauls und Schopenhauers heraus.

1908 »Durch blaue Schleier. Gedichte.« erscheint.

1909 Erste Veröffentlichung einer Groteske (»Das Weihnachtsfest des alten Schauspielers Nesselgrün«) in »Das Theater«, Jg. 1. Wählt das Pseudonym Mynona (Umkehrung von Anonym), das er von nun an für seine Grotesken beibehält.

1910 Veröffentlichung von Grotesken im »Sturm«.

1911 »Friedrich Nietzsche. Eine intellektuale Biographie« erscheint auf Empfehlung Georg Simmels in der Göschen'schen Verlagshandlung. Heirat mit Marie Luise Schwinghoff. Veröffentlichung von Grotesken im Juliheft der »Aktion«. Am 16. Dezember Lesung im Neopathetischen Cabaret in Berlin.

1913 Erste Buchveröffentlichungen Mynonas: »Rosa die schöne Schutzmannsfrau«. Am 12. Juni Geburt des Sohnes Heinz-Ludwig.

1915 Wegen asthmatischer Konstitution und mangelnder Zurechnungsfähigkeit wird Friedlaender vom Kriegsdienst zurückgestellt. Plant zusammen mit Johannes Baader und Raoul Hausmann eine Zeitschrift »Erde 1915«.

1916 Am 20. September Zweiter Sturm-Kunstabend: Rudolf Blümner liest Mynona.

1918 »Schöpferische Indifferenz«, das philosophische Hauptwerk Friedlaenders, erscheint durch Vermittlung Leonhard Franks bei Georg Müller in München. Am 13. April Lesung im Kunstsalon der Hellerschen Buchhandlung in Wien. Von dort aus Besuch bei Alfred Kubin in seinem Schlößchen Zwickledt bei Wernstein/Inn. Beginn der Freundschaft mit dem

Maler und Zeichner, der mehrere Bücher Mynonas illustriert hat. Am 6. November hält er am 78. Sturm-Abend einen Vortrag über »Das Problem der exzentrischen Empfindung. Nach Ernst Marcus.«

1919 Gründung der Zeitschrift »Der Einzige« zusammen mit seinem Vetter und Schwager Anselm Ruest. Das »Organ des Individualistenbundes« erscheint bis 1925, Mynona arbeitet jedoch nur wenige Monate, bis November 1919, mit. »Der Schöpfer« wird in Fortsetzung vorabgedruckt. Lesungen bei den ersten beiden öffentlichen Veranstaltungen der Gesellschaft für individualistische Kultur (Stirnerbund) in Berlin.

1920-32 erscheinen 20 Bücher grotesken oder philosophisch-didaktischen Inhalts (u.a. »Kant für Kinder«, 1924).

1928 Auf Empfehlung von Karl Kraus erscheint »Mein hundertster Geburtstag und andere Grimassen« bei Jahoda & Siegel. Am 30. Oktober Tod von Ernst Marcus.

1933 Am 16. Oktober Flucht nach Frankreich. Friedlaender lebt bis zu seinem Tod in Paris.

1935 endet mit der Publikation von »Der lachende Hiob und andere Grotesken« die Arbeit des Schriftstellers Mynona. Friedlaender wendet sich ganz der Philosophie zu.

1936 »Ich. Autobiographische Skizze (1871-1936)«.

1937-43 schreibt er mehrere, bis jetzt unveröffentlichte Werke: »Das magische Ich«, das als sein zweites Hauptwerk gilt, »Gut und Böse«, »Kant für Künstler«, »Der Vernunftmensch« u.a.

1941-43 verläßt er seine Wohnung nicht.

1943 Am 8. Mai will die Gestapo ihn abholen, der Schwerkranke ist aber nicht transportfähig. Seine Frau kommt ins Internierungslager Drancy.

1946 Salomo Friedlaender stirbt am 9. September und wird auf Armenkosten im jüdischen Teil des Pariser Friedhofs Pantin beerdigt. Die Grabrede hält Rudolf Leonhard.

DRUCKNACHWEISE

Seite 9 f. Der zarte Riese. Erstdruck: Der Sturm 1 (1910/11), S. 365 f. – Wiederabgedruckt in: Rosa die schöne Schutzmannsfrau. Leipzig: Verlag der Weißen Bücher (1913), S. 7-9

Seite 11-16 Die betrunkenen Blumen und der gepflügte Ottokar. Erstdruck: Die Aktion 1 (1911), Sp. 1044-1047 – Wiederabgedruckt in: Rosa die schöne Schutzmannsfrau, S. 43-51

Seite 17-22 Von der Wollust über Brücken zu gehen. Erstdruck: u.d.T. Von der Wollust über Brücken zu gehen. Eine Panacée. Die Aktion 1 (1911), Sp. 950-953 – Wiederabgedruckt in: Rosa die schöne Schutzmannsfrau, S. 52-59

Seite 23-25 Von der Wolke, welche so gern geregnet hätte. Erstdruck: u.d.T. Von der Wolke, welche so gern hätte regnen mögen. Der Sturm 1 (1910/11), S. 22 – Wiederabgedruckt in: Rosa die schöne Schutzmannsfrau, S. 67-71

S. 27-29 Mein Sohn. Erstdruck: Der Sturm 1 (1910/11), S. 46 – Wiederabgedruckt in: Rosa die schöne Schutzmannsfrau, S. 82-85

Seite 31-35 Verstellung. Erstdruck: Der Sturm 2 (1911/12), S. 805 f. – Wiederabgedruckt in: Rosa die schöne Schutzmannsfrau, S. 93-99

Seite 37 f. Die alte Witwe. Erstdruck: Die Aktion 1 (1911), Sp. 1145-1147 – Wiederabgedruckt in: Rosa die schöne Schutzmannsfrau, S. 107-109

Seite 39 f. Wigwamglanz, der stolze Indianer. Erstdruck: Die Aktion 1 (1911), Sp. 788 f. – Wiederabgedruckt in: Rosa die schöne Schutzmannsfrau, S. 125-127

Seite 41-43 Das Weihnachtsfest des alten Schauspielers Nesselgrün. Erstdruck: Das Theater 1 (1909/10), S. 181 f. – Wiederabgedruckt in: Die Aktion 1 (1911), Sp. 1201 f. – Rosa die schöne Schutzmannsfrau, S. 128-131

Seite 45-50 Der Schutzmannshelm als Mausefalle. Erstdruck: Die Aktion 2 (1912), Sp. 562-565 – Wiederabgedruckt in: Rosa die schöne Schutzmannsfrau, S. 132-140

Seite 51 f. Charaktermusik. Eine haarige Geschichte. Erstdruck: Die Aktion 1 (1911), Sp. 730 f. – Wiederabgedruckt in: Rosa die schöne Schutzmannsfrau, S. 141-143

Seite 53 f. Was bin Ich? Erstdruck: Der Sturm 1 (1910/11), S. 439 – Wiederabgedruckt in: Rosa die schöne Schutzmannsfrau, S. 147-149

Seite 55-57 Die Torturen des Gottes Mumba. Paulo Scheerbart in Züchten! Erstdruck: Der Sturm 4 (1913/14), S. 42 f. – Wiederabgedruckt in: Rosa die schöne Schutzmannsfrau, S. 191-194

Seite 59-61 Rosa, die schöne Schutzmannsfrau. Erstdruck: Der Sturm 4 (1913/14), S. 85 – Wiederabgedruckt in: Rosa die schöne Schutzmannsfrau, S. 195-199

Seite 63-76 Goethe spricht in den Phonographen. Eine Liebesgeschichte. Erstdruck: Schwarz-Weiß-Rot. Grotesken von Mynona. Leipzig: Kurt Wolff Verlag 1916 (Der jüngste Tag. Bd. 31.), S. 9-24

Seite 77-82 Das Wunder-Ei. Erstdruck: Die Schaubühne 11, II (1915), S. 138-142 – Wiederabgedruckt in: Schwarz-Weiß-Rot, S. 25-31
Seite 83-86 Das Abgebrochne. Erstdruck: Die Aktion 5 (1915), Sp. 87-89 – Wiederabgedruckt in: Schwarz-Weiß-Rot, S. 32-35 – U.d.T. Das Abgebrochene. Der Einzige 1 (1919), Nr. 23/24, Beiblatt: Der gestirnerte Himmel. S. 283 f.
Seite 87-89 Das vertikale Gewerbe. Erstdruck: Schwarz-Weiß-Rot, S. 41-43
Seite 91-93 Tobias und die Backpflaume. Erstdruck: Die schöne Rarität 1 (1917/18), S. 30-32 – Wiederabgedruckt in: Das widerspenstige Brautbett und andere Grotesken. München: Kurt Wolff Verlag 1921, S. 7-10
Seite 95-100 Die vegetabilische Vaterschaft. Erstdruck: Der Einzige 1 (1919) Nr. 4, S. 9-11 – Wiederabgedruckt in: Das widerspenstige Brautbett, S. 11-18
Seite 101-104 Die lüderliche Nase. Erstdruck: Die junge Kunst 1 (1919), H. 8, S. 8 f. – Wiederabgedruckt in: Das widerspenstige Brautbett, S. 19-22
Seite 105-111 Das Nachthemd am Wegweiser. Erstdruck: Das widerspenstige Brautbett, S. 23-31
Seite 113-119 Das widerspenstige Brautbett. Erstdruck: Der Einzige 1 (1919), Nr. 5, S. 9-11 – Wiederabgedruckt in: Das widerspenstige Brautbett, S. 32-40
Seite 121-125 Gebratenes Sphinxfleisch. Erstdruck: Das widerspenstige Brautbett, S. 41-46
Seite 127-129 Chorus mysticus. Erstdruck: Der Sturm 9 (1918/19), S. 74 – Wiederabgedruckt in: Die Sichel 1 (1919), S. 79 f. – Das widerspenstige Brautbett, S. 47-50
Seite 131-136 Die Entführung. Erstdruck: Der Sturm 9 (1918/19), S. 60-62 – Wiederabgedruckt in: Das widerspenstige Brautbett, S. 51-58
Seite 137-148 Die langweilige Brautnacht. Erstdruck: Der Sturm 9 (1918/19), S. 93-94, 96 – Wiederabgedruckt in: Das widerspenstige Brautbett, S. 59-74
Seite 149-152 Der gut bronzierte Floh. Eine Rokoketterie. Erstdruck: Der Einzige 1 (1919), S. 8 f. – Wiederabgedruckt in: Das widerspenstige Brautbett, S. 75-79
Seite 153-157 Die Kunst, sich selber einzubalsamieren. Erstdruck: Der Sturm 9 (1918/19), S. 45 f. – Wiederabgedruckt in: Mein Papa und die Jungfrau von Orléans. Nebst anderen Grotesken. München: Kurt Wolff Verlag 1921, S. 10-16
Seite 159-161 Beschreibung meiner Braut. Erstdruck: Der Sturm 9 (1918/19), S. 110 – Wiederabgedruckt in: Mein Papa und die Jungfrau von Orléans, S. 22-25
Seite 163 f. Warum ich immer so traurig bin? Erstdruck: Mein Papa und die Jungfrau von Orléans, S. 31 f.
Seite 165-176 Der Sonnenmissionar. Erstdruck: Mein Papa und die Jungfrau von Orléans, S. 40-54
Seite 177-180 Mein Papa und die Jungfrau von Orléans. Erstdruck: A.a.O., S. 75-78

Seite 181-184 Zu Mynonas hundertstem Geburtstag. Erstdruck: Mein hundertster Geburtstag und andere Grimassen. Wien, Leipzig: Verlag Jahoda & Siegel 1928, S. 9-15
Seite 185-189 Neues Kinderspielzeug. Erstdruck: Die Weißen Blätter 5 (1918), S. 44-47 – Wiederabgedruckt in: Der Einzige 1 (1919), Nr. 2, S. 9 f. – Mein hundertster Geburtstag, S. 69-76
Seite 191-195 Häßlichkeit entstellt nicht immer. Erstdruck: Mein hundertster Geburtstag, S. 77-84
Seite 197-199 Faust lacht sich ins Fäustchen. Erstdruck: Mein hundertster Geburtstag, S. 91-96

BIBLIOGRAPHIE

Unter dem Pseudonym Mynona erschienen:
Rosa die schöne Schutzmannsfrau. Grotesken. Leipzig: Verlag der Weißen Bücher 1913. Umschlagzeichnung von Lothar Homeyer.
Für Hunde und andere Menschen. (Grotesken.) Berlin: Verlag Der Sturm 1914. (Sturm-Bücher. 3.) – Nachdruck: Nendeln: Kraus Reprint 1973
Schwarz-Weiß-Rot. Grotesken. Mit zwei Zeichnungen von L. Meidner. Leipzig: Kurt Wolff Verlag 1916. (Der jüngste Tag. Bd. 31.)
Hundert Bonbons. Sonette. München: Georg Müller 1918. Umschlagzeichnung von Alfred Kubin.
Die Bank der Spötter. Ein Unroman. München, Leipzig: Kurt Wolff Verlag 1919. Umschlagzeichnung von Emil Preetorius.
Unterm Leichentuch. Ein Nachtstück. Hannover: Paul Steegemann Verlag 1920. (Die Silbergäule. Bd. 45/47.) Umschlagzeichnung von Ernst Krantz. – Neuausgabe: Mit Illustrationen von Alfred Kubin. Heidelberg, Baden-Baden: Merlin-Verlag 1927. (Kubin Bücher 2.) – Neuausgabe nach dem Erstdruck: Frankfurt a. M.: Patio Verlag 1974
Der Schöpfer. Phantasie. Mit achtzehn Federzeichnungen von Alfred Kubin. München: Kurt Wolff Verlag 1920
Nur für Herrschaften. Un-Freud-ige Grotesken. Hannover: Banas & Dette 1920
Mein Papa und die Jungfrau von Orléans. Nebst anderen Grotesken. München: Kurt Wolff Verlag 1921. Umschlagzeichnung von Emil Preetorius.
Das widerspenstige Brautbett und andere Grotesken. München: Kurt Wolff Verlag 1921. Umschlagzeichnung von Emil Preetorius.
Trappistenstreik und andere Grotesken. Mit einer Zeichnung von Gustav Henselmann. Freiburg: Walter Heinrich 1922. (Schnitter-Bücher. Die hohe Reihe)
Graue Magie. Berliner Nachschlüsselroman. Mit sechs Zeichnungen von L. Homeyer. Dresden: Rudolf Kaemmerer Verlag 1922. – 2. Aufl. u.d.T.: Geheimnisse um Berlin. Ein Roman. Berlin und Leipzig: Paul Steegemann (1931)
George Grosz. Mit 37 Netzätzungen. Dresden: Rudolf Kaemmerer Verlag 1922. (Künstler der Gegenwart. Bd. 3.) – Neuausgabe (Reprint): Frankfurt a. M.: Makol Verlag 1975
Tarzaniade. Parodie. Hannover: Verlag der Tageblatt-Buchhandlung 1924
Ich möchte bellen und andere Grotesken. Berlin: Seeigel-Verlag 1924. Umschlagzeichnung von LH. (Lothar Homeyer)
Das Eisenbahnglück oder Der Anti-Freud. Mit Zeichnungen von Hans Bellmer. Berlin: Elena Gottschalk Verlag 1925. (Die tollen Bücher. Bd. 2). – 2. Aufl. u.d.T.: Anti-Freud. Heitere Geschichten. Berlin, Leipzig: Paul Steegemann (1932)
Mein hundertster Geburtstag und andere Grimassen. Wien, Leipzig: Jahoda & Siegel 1928. Einbandentwurf von Robert Haas.

Hat Erich Maria Remarque wirklich gelebt? Der Mann. Das Werk. Der Genius. 1000 Worte Remarque. Berlin: Paul Steegemann Verlag 1929
Der neue Ibikus. Berlin-Steglitz: Officina Serpentis 1929. Mit 8 Zeichnungen von Hans Freese.
Sautomat. Eine Groteske fon Mynona. Berlin: Pandora 1931
Der Holzweg zurück oder Knackes Umgang mit Flöhen. Berlin, Leipzig: Paul Steegemann Verlag 1931
Biblioanthropen. (Weimar: Gesellschaft der Bibliophilen 1933.)
Der lachende Hiob und andere Grotesken. Paris: Editions du Phénix 1935. (Phoenix-Bücher. No. 2)

Werkausgabe:
Prosa. Hg. von Hartmut Geerken. Bd. 1-2. München: edition text + kritik 1980. (Frühe Texte der Moderne) – Bd. 1: Ich verlange ein Reiterstandbild. Grotesken und Visionen. – Bd. 2: Der Schöpfer. Phantasie. – Tarzaniade. Parodie. – Der antibabylonische Turm. Utopie. Mit Anmerkungen. Bibliographie, Nachwort.

Sammlungen:
Das Nachthemd am Wegweiser und andere höchst merkwürdige Geschichten des Dr. Salomo Friedlaender. Berlin (DDR): Eulenspiegel Verlag 1980
Der verliebte Leichnam. Hg. und mit einem Vorwort von Klaus Konz. Hamburg: Verlag Am Galgenberg 1985

Unter dem Namen Salomo Friedlaender erschienen:
Versuch einer Kritik der Stellung Schopenhauers zu den erkenntnistheoretischen Grundlagen der »Kritik der reinen Vernunft«. Berlin: Schmitz & Bukofzer 1902. (Jena: Phil. Diss. vom 15. 2. 1902)
Julius Robert Mayer. Leipzig: Th. Thomas 1905. (Klassiker der Naturwissenschaften. 1.)
Logik. Die Lehre vom Denken. Berlin: H. Hillger 1907. (Hillgers illustrierte Volksbücher. Bd. 67.)
Psychologie. Die Lehre von der Seele. Berlin: H. Hillger 1907. (Hillgers illustrierte Volksbücher. Bd. 78.)
Durch blaue Schleier. Gedichte. Berlin-Wilmersdorf: A. R. Meyer 1908
Friedrich Nietzsche. Eine intellektuale Biographie. Leipzig: G. J. Göschen 1911
Schöpferische Indifferenz. München: Georg Müller 1918. – 2. durch ein Vorwort vermehrte Auflage: München: E. Reinhardt 1926
Kant für Kinder. Fragelehrbuch zum sittlichen Unterricht. Hannover: Paul Steegemann Verlag 1924
Wie durch ein Prisma. Gedanken und Blicke im Zeichen Kants. Frankfurt a.M.: Taifun-Verlag 1924. (Signale. 24-28.)
Katechismus der Magie. Nach Immanuel Kants »Von der Macht des Gemütes« und Ernst Marcus' »Theorie der natürlichen Magie«. In Frage- und Antwortform

gemeinfaßlich dargestellt. Heidelberg, Baden-Baden: Merlin-Verlag (1926). (Die magische Bibliothek. Bd. 1.)
Der Philosoph Ernst Marcus als Nachfolger Kants. Leben und Lehre. Ein Mahnruf. Essen: G. D. Baedeker 1930
Kant gegen Einstein. Fragelehrbuch (nach Immanuel Kant und Ernst Marcus) zum Unterricht in den vernunftwissenschaftlichen Vorbedingungen der Naturwissenschaft. Berlin: (K. Wolff) 1932

Briefausgaben:

Salomo Friedlaender (Mynona): Briefe aus dem Exil 1933-1946. Hg. von Hartmut Geerken. Mainz: v. Hase & Koehler 1982. (Mainzer Reihe. 54.)
Salomo Friedlaender (Mynona), Alfred Kubin: Briefwechsel 1915-1942. Illustriert von Alfred Kubin. Hg. von Hartmut Geerken und Sigrid Hauff. München: edition neue texte 1985

Bibliographie (bis 1980):

Zusammengestellt von Hartmut Geerken. In: Mynona: Prosa. Bd. 2. München 1980. S. 219 ff.

Karl Otten
Die Reise durch Albanien
und andere Prosa
Herausgegeben von Ellen Otten
und Hermann Ruch
195 Seiten. 5 Abb. Brosch.

Unterwegs nach Griechenland gerät der 23jährige Karl Otten 1912 a
seiner Reise zu Fuß durch Montenegro und Albanien in die Vorber
tungen des Ersten Balkankrieges: »Ohne es zu wissen, erlebte ich d
Geburtsstunde eines Weltuntergangs«, schrieb er später. Abwechsel
von türkischen Soldaten und albanischen Rebellen begleitet, setzt
als neugieriger, wacher politischer Beobachter seine Reise fort, bis d
drohende Krieg ihn zum Abschied zwingt. Seit 1913 erstmals zu
100. Geburtstag des Autors wieder aufgelegt, dokumentiert »Die Rei
durch Albanien« zusammen mit anderen frühen Prosatexten die them
tische und stilistische Spannbreite des Erzählers Otten.

Mit den ARCHE-EDITIONEN DES EXPRESSIONISMUS, hg. von Paul Raabe, Wolfenbüttel, setzt der Arche Verlag in gebundenen Werk- und Briefausgaben sowie in broschierten Studienausgaben die Tradition der Veröffentlichungen expressionistischer Texte fort.

Bisher erschienen:
Jakob van Hoddis
Dichtungen und Briefe
Hg. von Regina Nörtemann
600 S. 5 farb. u. 28 s/w Abb. Geb.

Ferdinand Hardekopf
Dichtungen
Hg. von Ingrid Heinrich-Jost
400 S. Abb. Geb.

Henriette Hardenberg
Dichtungen
Hg. von Hartmut Vollmer
196 S. Abb. Geb.

Expressionismus
Der Kampf um eine
literarische Bewegung
Hg. von Paul Raabe
320 S. Brosch.

Georg Heym
Der Städte Schultern knacken
Bilder Texte Dokumente
173 S. 188 s/w Abb. Brosch.

Zwischen Trauer und Ekstase
Expressionistische Liebesgeschichten
Hg. von Thomas Rietzschel
223 S. Brosch.

In Vorbereitung:
Ferdinand Hardekopf
Briefe. Hg. von Bernhard Echte

Ernst Wilhelm Lotz
Dichtungen und Briefe
Hg. von Jürgen von Esenwein